股市操盤聖經

——盤中多空操作必勝祕訣

◎王義田/著

叢書序

　　在人類發明了貨幣來代替實物作為交易的依據之後，又進一步為了降低運送貨幣的不便，而發明了支票、匯兌等等金融商品，到了近代更為了降低各種金融商品持有或運作的風險，誕生了延伸性金融商品。有了延伸性金融商品，「錢」的概念不只是「貨幣」、「鈔票」而已，反而變得更加複雜起來，於是使得錢財的處理，愈來愈要講究學問。

　　事實上，我們在工作上勞心勞力，獲得「錢」作為報償，並在社會上取得相對的「購買力」去換取其他人的產品勞務，再將多餘的錢存起來，留待需要時或是累積一定數量再行運用，這就是現代商業緣起的基本架構。如果我們更進一步，討論如何將錢花得更有效率，或是把多餘的錢作更有效的運用，這就是所謂的「理財」。

　　本叢書邀集許多金融界的專業人士以及學有專精的理財專家，深入淺出地介紹各種金融商品的運用。若您目前的理財方式是把錢放在銀行的團體儲蓄帳戶，年利率百分之六點多，和通貨膨脹一比，您會發現，放在銀行的錢很容易隨著時間而愈來愈薄。銀行拿存款人的錢去作各項投資，但是銀行付給存款人的利息，甚至不夠彌補物價上漲的損失。如何與銀行打交道，甚至利用銀行，也是一門學問。因此，您不妨考慮本叢書

所提及的各種理財管道，讓自己的資金作更有效的運用。

　　我們希望每一位閱讀 Money Tank 叢書系列的讀者，都能從這裡獲得由專業人士所提供的理財觀念與技巧，並藉此使生活中有更多的餘裕可以完成夢想。或許，透過投資的角度來衡量人生的各項決定，或是思考未來的發展，比較各種選擇的優劣勢，以及所要付出的成本，能夠讓您更緊密地掌握未來的方向，並且更輕鬆地達成理想。

　　在這個十倍速加速的年代，本叢書的出版希望能為讀者們提供最新與最有用的理財知識。您會發現，這些理財觀念與工具看似複雜，其實不難。用各種理財的管道來規劃人生，是身為現代人的您神聖的權利，也會讓您的生活更加的美滿。

自序

　　置身於紛擾熙攘的證券商營業大廳中，面對著電視牆上不斷跳動的數字，耳邊又充斥著鄰座者的即時行情分析，以及各種有關上市公司的小道消息。

　　這種看盤的環境，往往使一些涉足股市未深的投資人感到目眩神迷，手足無措，倉促之間作出的買賣決策，難免會流之於激情與草率，事後經常懊惱悔恨。

　　事實上，如果缺乏正確的認識，並預先規劃好操盤的原則與方向；即使是一名市場老手，臨場出現失誤的情況也是屢見不鮮。

　　尤其是當多頭市場進行到主升段或末升段時，每天的成交量動輒便超過一千五百億元，甚至高達二、三千億元的水準；由於多空交戰熾熱，交易所電腦撮合的速度也加快，使股價的震盪起伏更形劇烈，真可謂之瞬息萬變。

　　同時，研發股市即時行情系統軟體的各家公司，在爭奪市場的前提之下，不斷推陳出新，增加許多更廣泛、更實用的功能；將各種交易資訊加以統計、彙集、排序、比較之後，透過電腦的即時顯示，以幫助投資人更迅速地掌握大盤與個股未來的走勢與方向。

　　市面上陳列的股市書籍汗牛充棟，但是大都著重於觀念；

雖然有幾本以討論實戰操作為主的專書，也僅止於技術線型的研判而作出買賣的建議；對於一般投資人在看盤時經常產生的種種疑惑，並未提出具體而有效的實際策略與應對方式。

其實，無論是根據基本面、籌碼面、技術面或是消息面，一旦決定了操作策略，都必須透過實際的買進賣出動作，才能產生真正的投資盈虧現象。

有些長線投資人或無暇看盤者，固然會事先預設一個價位，在開盤之前便掛著等候。無奈大多數的投資人都從事短線或小波段操作，對於買進或賣出的價格若不錙銖必較，可能根本無利可圖；而且人性本貪，誰不希望買得更低，賣得更高呢？

更重要的是，萬一最佳的買賣時機出現於盤中，如何儘快發覺而迅速動作？

因此有不少投資人幾乎沒有一天不看盤，深怕錯失了買進與賣出的契機。

不過，所有參與這個市場的投資人，無論是贏家或輸家，看到的都是同一個大盤，為什麼會出現這種南轅北轍的結果呢？

最近美國 NBA 職業籃球一九九八年球季的冠軍爭霸戰又結束了。透過衛星的即時傳送，遠在地球另一端的激烈賽事，每位明星球員的精巧動作都不斷地牽引著籃球迷們的心。

無論那一位上場的球員，他所面對的場地與裁判都一樣，持在手上的籃球也沒有差別；但是投射出去的結果卻不見得完

全相同，命中率有高有低。

　　事實上，在沈重的心理壓力之下，誰能夠維持穩定，發揮正常的水準，便可成為球場上的英雄而名利雙收。當然，這種卓越的表現絕非倖致，必須仰賴熟練的技巧、不懈的練習與靈敏的臨場反應能力。

　　同樣的，若想在股市競賽中脫穎而出，贏取豐碩的利潤，一定要熟悉各種看盤與操盤的方法與技巧，並且反覆練習以掌握其中訣竅，再培養臨場的反應能力，便可以無往不利，穩操勝券了。

　　這本書將給您最實際的幫助，從強化心理素質、各種看盤工具介紹、開盤前的準備、所有交易資訊的研判，一直到大盤與個股各種特殊狀況的應對方法……等，不但詳細解釋，並且一一舉出實例來輔助說明。

　　投資股票宛如參加大規模作戰，每一天的操盤雖然可能只是眾多零星戰事之一，但是千萬不要忘記，再巨大的戰爭都是由許多局部的小戰事所組成；而且，只有在事後才能知道，究竟是那一場小戰事將成為主導最後勝負的關鍵一役？因此，絕不可以忽視每一天的操盤過程，更不能草率地決定任何一筆買賣策略！

　　在閱讀本書各章內容、練習各種操盤技巧時，我期盼您能不厭其煩，反覆將事；但是一旦在盤中買賣時機乍現，絕不可猶豫不決，應該迅速果決。這種「徐如林，疾如風」，動靜自如的修養，才是在股市中決勝千里的最大因素。

祝福每一位朋友，在股票市場中都能夠稱心如意。

王義田

一九九八年六月

【目錄】

第一篇
對操盤的基本認識

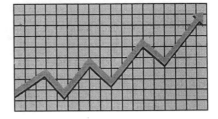

第一章　為什麼要操盤

常見的看盤方式

　　每一位股票的投資人，應該都具有看盤的經驗。

　　只要時間許可，又找到合適的場所或工具，大多數的投資人都喜歡緊盯著盤面上跳動的數字，讓自己的情緒隨著股價的漲跌不斷地震盪起伏。

　　有不少所謂「專業看盤人」，他們更將看盤視爲每天不可或缺的例行工作，一大早便準時向證券公司的營業大廳報到。他們三五成群，在號子裡佔據了固定的地盤，通常都選擇電視牆上最熱門類股前面的座位。在股市交易時間內，他們大都是在聊天，或者交換一些從第四台或報紙得知的資訊與小道消息。

　　事實上，他們在進行選股與買賣決策時，往往會互相影響而趨於一致。尤其是盤面上最熱門類股的領導股票，突然連續出現大筆的買賣單，形成急拉或急殺的走勢時，只要有人作出回應，其他的人更可能不約而同地跟進。

　　以上所敘述的情景，在全國的號子裡，每一天都不斷地重演；可惜這種看盤的方式是錯誤的。

　　股票投資是一種藝術，數以百萬的投資人殫精竭慮，運用各種技倆，務求克敵制勝。因此，即使聚精會神都不見得能夠清楚地看出其中蹊蹺而作出正確決策；更遑論如此漫不經心，隨意進出的態度了。

　　講句較不客氣的話，我覺得這種看盤的方式不但虛擲光陰，根本就是拿荷包裡的錢去開玩笑！

操盤的意義

　　股票投資可以用持股時間的長短與買賣方式區分為短線投機、中期波段，以及長期投資等三種類型。

　　長期投資者根據基本面的分析，選擇了合適的股票與合理的價位之後，就必須等待買點的出現才出手買進；當股價過度反映基本面或失去成長力道時，則應該考慮尋找賣點獲利了結。

　　中期波段操作者，綜合基本分析與技術分析的結果，預估波段可能即將起漲或終止時，仍然要參酌盤中的價量變化加以確認，並即時切入或退出。

　　短線投機者持股時間不長，預估的獲利不可能太高，因此必須斤斤計較買進賣出的價格；若想確保利潤，只有掌握稍縱即逝的最佳時機，迅速進行買賣動作。

　　所以，無論短、中、長期的股市投資人，都必須利用看盤的機會，確實判定買進或賣出的策略，以達到投資獲利的目

標。

　　不過，在主管機關刻意擴大證券市場的政策之下，集中交易市場的上市公司已經超過四百家，若加上上櫃公司更高達五百五十家。面對這麼多的股票，如何配合自己的投資原則，將有限的資金作最有效的規劃，以獲取最高的利潤？這當然是所有投資人最關心的問題。

　　要解決這個問題，就必須掌握每天看盤的機會，運用各種工具、資訊與技巧，抓出多空趨勢最明顯的股票，並在合適的價位將資金作最恰當的運轉。

　　這種「隨著盤面脈動操作」便稱為「操盤」。

做一個操盤高手

　　一般的投資人，無論是根據基本面、技術面、籌碼面或消息面而決定買賣策略，事後加以檢討，通常以錯誤者居多。

　　這些錯誤的買賣決策，主要是因為沒有掌握到正確的時機與價位。

　　例如：因為所獲得的利多訊息具有落後性，不察股價早已充分反映，倉促進場追高買入而慘遭套牢。不但蒙受金錢虧損，而且資金深陷其中，坐失其他的獲利機會。

　　又如：從產業景氣循環與技術面狀況，判斷某檔個股已位於谷底；可是因為過早買進，股價一直久盤不動，只能眼看著其他股票上漲而飽受煎熬。最後，終於忍不住賣掉去追別的股

票，這時卻又正好輪到它大漲了。

買得太早，白白浪費資金與時間；賣得太早，錯失了後面大段的利潤。

在股票市場中，加權股價指數雖然漲漲跌跌，但並非所有的股票都與大盤呈現同步；幾乎每一天都有股票大漲，也有股票大跌。因此，只要懂得操盤的訣竅，不管是作多還是作空，都具有相當大的揮灑空間。

事實上，若詳細觀察每一檔個股的日線圖，將會發現一個有趣的結果。大多數的股票，在一年約二百八十個交易日之中，呈現較明顯漲勢與跌勢的時候，只各爲二十幾天而已；即使某些股性活絡的熱門股票，出現較明顯多空趨勢的交易日，全年合起來也很少超過七十天。

其餘的交易日，約三分之一屬於盤堅或盤軟，大部分的時間都是狹幅盤整，不死不活的模樣。

一位操盤高手，很少讓資金陷入多空不明的泥淖而進退維谷——即使偶爾不慎誤入歧途，也會馬上認錯撤退。眞正的操盤高手，往往能夠迅速地分辨出那些股票正在進行波段上漲或下跌，而且很少出錯。

市場上有不少投資人只會作多，甚至包括某些「死多頭」的分析師，因此常聽到他說：「今年上半年十分看好，但七月之後可能沒有行情，請大家把握前六個月的賺錢機會。」

其實，若他的分析正確無誤，上半年作多可以賺錢；下半年行情疲軟，作多者固然不利，但作空就有獲利空間了。

　　不堅持多空立場，完全根據趨勢擬定策略；將有限的資金分別投入最強勢的股票作多，或最弱勢的股票作空，並在趨勢減緩之前即時撤出，另尋標的。這種作法便可以獲致最豐厚的利潤，同時也就是操盤的最高境界。

第二章　操盤的基本觀念

順勢者昌，逆勢者危

孫子兵法有云：「善戰者求之於勢，不責於人。」

精於兵法的良將深知，勝負的關鍵在於能否掌握自然的情勢，絕非督責部屬便能致勝。

孫子又說：「古之所謂善戰者，勝於易勝者也；故善戰者之勝也，無智名，無勇功。」

古代所謂善戰的名將，經常把握敵人不備、虛弱時輕鬆將之擊敗；因此，在一般人的眼中，對於這種勝利者不會認為他們特別聰明或勇敢。

我們在股票市場中努力打拚，冀圖克敵制勝，獲取利潤，其實與行軍作戰沒有兩樣。您是運籌帷幄的主帥，您選取的股票便是領兵打仗的將領，手中的資金則是兵卒與後勤補給。

有些投資人操作失利，賠了錢之後，總是不斷怨天尤人。其實他應該先自我檢討，是否看錯了行情，根本沒有掌握到多空趨勢的方向。

在多頭趨勢中，上漲的天數遠多於下跌的天數，每一天收紅的股票也比收黑的股票多，漲幅又大於跌幅。對作多的投資

人來說，獲勝的機率當然高；反之，逆勢作空者就很難討到便宜了。

　　想想看，上市總共大約四百種股票；當大盤展開主升段行情時，可能有三百八十五檔股票順勢走多，只有十五檔股票逆勢走空。這時若作多買進，即使亂射飛鏢，也應該是賺錢居多，只是賺多賺少的差別而已。而作空的人，除非異常準確地抓到特定股票，否則可能會慘遭軋空；就算功力超凡選對了股票放空，獲利也不如大部分作多者。

　　同樣的，面臨空頭行情時，幾乎所有的股票都萎靡不振，陷入盤跌走勢，又輪到作空者呼風喚雨了。堅持作多的投資人每買必套，獲利當然不易了。

　　此外，在多頭趨勢之中，主力大舉介入，新的投資人攜帶資金蜂湧而至，股價當然易漲難跌；此時空頭根本不堪一擊，作多者當然可以輕鬆獲利。

　　反之，空頭趨勢來臨時，主力已在高檔出脫，人氣與資金也持續退潮，多頭大軍逐漸潰散衰弱，此時空頭只要借力使力便可迅速得勝。

　　從以上的分析可以得知，操盤的第一條守則便是：順應大盤的多空趨勢。

鎖定主流類股

　　股市中每一個漲跌波段都會產生主流類股。

在漲升階段，主流類股的氣勢強勁，漲幅大、時間長，而且類股中採取輪漲方式，前仆後繼，緜緜不絕，只要適時切入，獲利總能達到相當水準。

當漲勢完全衰竭，進入下跌階段之後，原先的主流類股在成交量暴增的掩護下，主力得以順利出貨，籌碼流入散戶手中，而且因為漲幅過大，拉回的壓力太強，通常也會成為「主跌股」，不但跌幅大而快速，時間也拉得較長，使作空者獲取極大的利潤。

上一章曾經說過，操盤的目的在於，將資金作最有效的運用，以獲取最大的利潤。

既然在漲跌波段中，主流類股的漲跌幅度都較大；因此，當您順應趨勢進行多空操作時，一定要鎖定主流類股，才能獲得最高的利潤。

例如：八十六年六月底至八月底的上漲波段，八月底至十月底的下跌波段，以及十一月初開始的上漲，在這段時間內電子類股的成交量都佔大盤成交總值五成以上，有時甚至超過七成；可以說是匯聚了無比的人氣，是超強勢的主流類股。不過，水能載舟也能覆舟，主流類股漲時固然凶猛，下跌時也摔得最凄慘。相較之下其他的類股嚴重失血，只有在電子類股稍作休息時，才有機會串場輪漲一下，漲跌幅度遜色甚多。

圖一是主流的電子代表股，代號2340的光磊，從八十六年六月二十一日至八十七年二月二十七日的日線圖。

圖二則為非主流的代表股，代號2828的萬通銀，於同一段

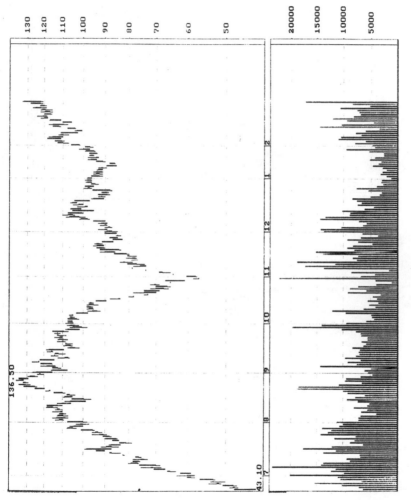

圖一　光磊日線圖 (86/06/21~87/02/27)

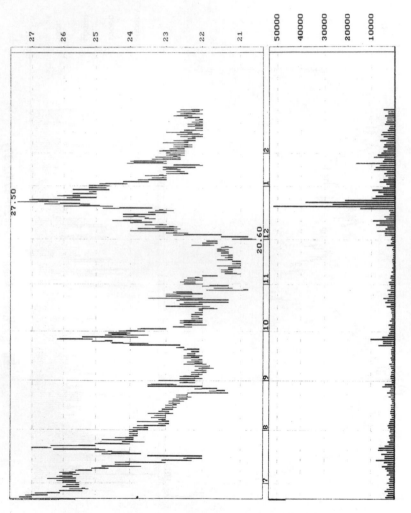

圖二 萬通銀日線圖 (86/06/21~87/02/27)

時期的日線圖。

　　表一則是這兩檔個股與加權指數，漲跌幅的比較表。主流股的表現明顯較爲激情；不過，兩者的差距，D 段已比 B 段大爲縮小，似乎主流色彩正逐漸褪色。

表一　主流股與非主流股波段漲跌幅比較表

股票	86/06/21 股價（A）	86/08/31 前高點（B）	漲幅 B/A	86/12/31 前低點（C）	跌幅 C/B	87/02/27 前高點（D）	漲幅 D/C
加權指數	8833	10256	16.11%	7040	31.36%	9378	33.21%
光磊	44.7	136.5	205.37%	57	58.24%	133	133.33%
萬通銀	28.4	27	− 4.93%	20.6	23.70%	27.5	33.50%

要有認錯以及壯士斷腕的勇氣

　　股票市場的情況變幻莫測，影響股價漲跌的因素錯綜複雜；因此，無論經驗多麼豐富，技巧多麼高超，總是難免有看錯多空趨勢或選錯股票的時候。

　　一般投資人因爲看錯行情而蒙受到帳面的虧損時，通常會產生一廂情願的想法，認爲這只是其他非關基本面的因素所造成的短期現象，股價的走勢很快便會回到原來應有的軌道上，而自己也可以轉虧爲盈。

　　這種堅持己見的態度，使他們選擇了以下的兩種作法：

死抱活抱

　　七十七年九月二十四日開始，一連十九個營業日無量重挫的「證所稅事件」，主導者是當時身為財政部長的郭婉容女士，她的一句名言「股票套牢，只要不賣就不會賠」，如今已被許多投資人奉為圭臬。

　　郭女士的說法是基於長期投資的角度，如果您買進某家公司的股票，是因為看好其營運前景，想當它的長期股東，對於短、中期的股票波動當然不必在意。尤其是台灣股市長期看漲，股價繼續往上突破的機率不小；即使嚴重套牢，只要緊抱不放，早晚總有解套的時侯。

　　不過，長期投資者原則上應該等待投資價位浮現，才逢低承接；但是台灣股市的投資人絕大多數以短線投機為主，經常在高檔追高搶進，結果慘遭套牢之後才用「長期投資」來自我安慰。這種「以投機出發，以投資收場」的現象屢見不鮮，而且最後又因為不堪大幅賠累而在低檔拋出，很少有人能堅持長期投資的理念。

　　例如：代號1310的台苯，八十三年初由於單一產品 SM 的價格暴漲，獲利大幅提升，使股價從13.8元一路飆到129元，經過拉回測試，於84元獲得支撐。由於 SM 的價格仍繼續上揚，帶動台苯股價回升，於八十四年四月又回到120元之上，頗有再大漲一波的味道，並吸引了眾多的投資人追高搶進。不料，股價到了123元便反轉下跌。（圖三）

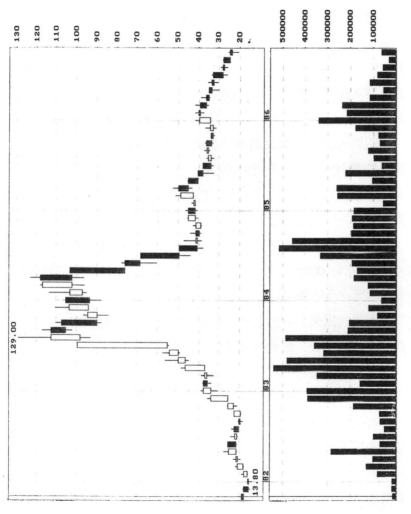

圖三 台苯月線圖 (81/10~86/10)

雖然股價表現不理想，但是台苯的業績卻交出了漂亮的成績單，單季每股盈餘如下：八十三年第三季1.64元，第四季2.29元，八十四年第一季2.11元，第二季3.38元。基本面的強勁支持著投資人的信心，使他們放心地抱牢，期待它再度翻揚。

結果，股價就像東逝水，從此一去不復返，三十個月之後，於八十六年十月跌到20.6元。

您也許只看到，一張12萬元的股票，經過兩年半只剩下2萬元，損失了鉅額的金錢以及其間的利息。

再深思一下，當時加權指數只有6500點，但是八十六年八月曾經漲到10000點，有許多股票漲了好幾倍！如果不把資金套在台苯之上，隨便買也應該多少賺一票吧！

實際的損失，再加上資金套牢而喪失其他獲利機會，您還認為「賠錢不賣」是金科玉律嗎？

逢低攤平

有很多投資的教科書，都教導股票投資人，若被套牢最好採用逢低攤平的方法來降低成本，比較具有解套的機會。

殊不知，攤平法對一般投資人並不適用；因為我們的資金通常不多，所以經常維持高持股，一旦套牢就沒有多少錢來攤平。如果把剩下的錢全部用來攤平，甚至認賠賣掉跌幅較小的股票來逢低加碼，最後豈不是變成滿手都是同一種股票？把雞蛋放在一個籃子裡，風險太大了。

　　此外，我們無法正確估量股價會跌多久？止跌點在那裡？萬一像前面所提到的台苯，一跌就長達兩年半，從120幾元跌到20元，若貿然採用攤平法，可能還不到60元之處手中就只剩下這一檔股票了。豈不有如一腳踩進泥沼之中，幾乎永無翻身之地？

　　對一個好的操盤手來說，死抱法與攤平法最大的缺點便是資金凍結，絕對必須避免。那麼，萬一看錯行情時應該怎麼做呢？

　　操盤的另一個重要守則就是「嚴守停損」。

　　所謂停損，顧名思義就是使損失停止而不再擴大。具體的作法是，在進場時預先設定某一個價位，當見到此一價位時即應毫不考慮地認賠出場。

　　作多的時候，停損點設定於底下某一重要支撐價位之下一兩檔；作空的時候，停損點設定於上面某一重要壓力價位之上一兩檔。

　　停損點設定的意義，表示若見到這個價位，十有八九顯然當初的多空看法是錯誤的；因此，及時認錯，並且勇敢地賠以小錢，了結出場，保留資金實力，另外尋求戰場重新開始，免得鑄成大錯而無法挽回。

　　停損點的設定，通常都以六日平均線或二十四日平均線為重要的參考。

看對行情時義無反顧，讓我一次賺個夠

據筆者觀察的結果，大多數的投資人都是「敢輸不敢贏」。

正如前一節所說的，下跌時勇得很，不但死抱不放，還一路往下攤平；如果能堅持到底也還可以，偏偏抱了滿手股票，在低檔耗了許久，突然見到報上揭露利空時馬上嚇得全部認賠了結。

可是，偶爾看對行情，買進的股票應聲上漲之後，便開始估算上檔的壓力在那裡，逢高賣出，深怕股價又跌回來；有時候盤中突然出現賣壓而快速拉回時，更是馬上跟著掛出；另有一些人自恃武藝高超，一開高盤就先賣掉，準備等一下拉回時接回來，再多賺一筆當日沖銷的價差，想不到居然沒見到低價可供回補，莫名其妙就賣飛了。

像這種操作方式，一年二百八十個營業日之中，有二百多天都陷入套牢，賠了大錢；其餘幾十天賺得卻不多，結算下來當然以虧損居多了。

一個操盤高手，當看錯行情時嚴守停損，迅速認賠了結；但是掌握到一檔股票的多空趨勢時，除非確定趨勢逆轉，絕對不會手軟，一定要將錢賺夠才會放掉。因此，獲利的時刻遠多於賠錢；而且賺的都是大錢，賠的只是零頭，當然屬於股市贏家了。

　　正如看錯時設定停損，看對時也必須設定「停利」的條件，當符合的條件出現時便斷然出場，實現獲利，否則仍繼續操作，累積利潤。

　　在設定「停利」的條件時，一般均以六日平均線為參考指標。

　　例如：代號1306的合發，於50元以下作多買進之後，停利的條件是「收盤價跌破六日平均線，三日內未再翻上六日平均線；或收盤價低於六日平均線7%」。結果，至三月一日為止，僅 A 點收盤價跌破六日平均線，但第三天馬上又翻揚回去，因此雖已獲利數倍，仍不需停利出場。（圖四）

　　又如：代號2303的聯電，於 A 點收盤跌破六日平均線，接下來三天仍續跌，故於 B 點約123元放空，停利條件是「收盤價突破六日平均線，三日內未再跌破六日平均線；或收盤價高於六日平均線7%」。結果，雖有 C、D、E、F 等點收盤價突破六日平均線，但始終未高過7%，而且三日內又再跌回來，故均未停利回補。一直到 G1收盤價突破六日平均線，第三天G2仍然沒有跌回來，而且又高於六日平均線7%以上，故次日於 H 點70～75元之間停利回補，賺足整個下跌波段。（圖五）

有十足把握時才出手

　　歐、美、日等成熟型股市，年週轉率大約為百分之十幾，台灣股市則經常維持在150%以上，甚至超過300%。

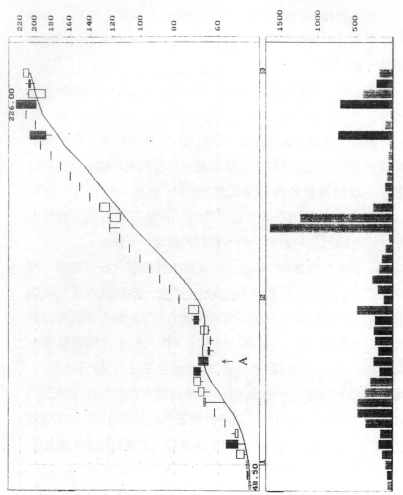

圖四 合發日線圖 (87/01～87/02)

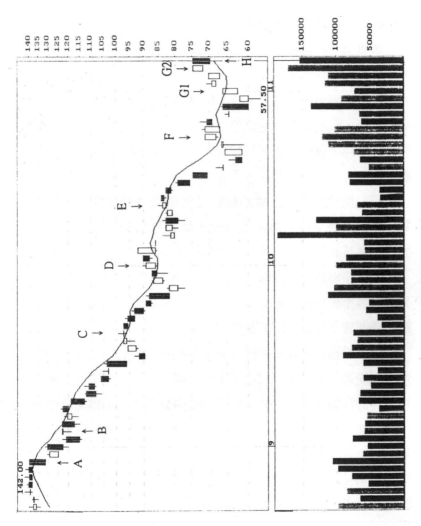

圖五　聯電日線圖 (86/08~86/11)

　　這種高週轉率表示投資人熱衷短線進出。

　　事實上，我發現有不少投資人幾乎沒有一天不進行買賣。他們翻翻報紙的資訊，看看第四台的解盤，再加上道聽塗說的馬路消息，每一天都掌握了幾支所謂潛力黑馬股，躍躍欲試。開盤之後，幾經猶豫，還是忍不住跳了進去；可是原來持股已經滿檔，為了應付交割，只好將手中的股票檢視一番而賣出一些。

　　另一種投資人，經常幻想自己從事完美的操作，開盤低買，尾盤高賣；或者開盤逢高出，尾盤見低補；不費吹灰之力，光靠買空賣空的當日沖銷便賺到不少錢。

　　不料事與願違，股價的走勢卻與當初的預期背道而馳。結果，因為不願認賠而必須賣出手中原有的股票；更慘的是最後跌停關門賣不出去，或者漲停關門補不回來。

　　以上這種被迫換股的動作每天都在進行，有時候今天才換進來的股票，第二天又被拋了出去。頻頻進出，光是證交稅與手續費的耗損就不在少數，那能期望賺錢呢？除了為國家增加稅收，為號子打工之外，對自己根本沒有任何好處。真的是不知為誰辛苦為誰忙？

　　股票投資是一種藝術，每一位參與者都應該努力鑽研其中的精妙之處，每一次的買賣決策都必須建立於合理的判斷之上。

　　如果只是憑著靈感與運氣，從周圍人群眾多的意見中隨便抓來遵循，豈不是跟買彩券一樣，把命運交到上帝的手中？

　　其實，投資股票不需要每天都進行買賣動作。到證券公司去看盤，即使整個月都沒有進出也不必付入場費。如果認爲這麼辛苦來回奔波，不多少買賣一點股票豈不白跑一趟？那就更可笑了。

　　操盤的目的在賺錢。盲目的進出不但賺不到錢，還可能造成虧損，當然不足取。

　　一位操盤高手，必須熟習各種分析研判的方法。如果仍然無法抓出具有明確漲跌趨勢的個股；如果趨勢雖有雛形，可是還有若干疑點必須澄淸；如果還要些許時間才能確認……面臨這種情況，寧可觀望。

　　眞正的操盤高手，一定要有十足把握才會出手。他不會每天都在買進賣出，但是每次進場時總是信心滿滿，絕不猶豫！

主戰場瞄準第三波

　　根據艾略特的波浪理論，在股價的走勢中，主要的趨勢均以五波呈現。多頭市場中，第一、三、五波分別爲初升、主升與末升的上漲段；其間的第二、四波則爲拉回的修正段。同樣的，空頭市場中，第一、三、五波分別爲初跌、主跌與末跌的下跌段；其間的第二、四波則爲反彈的修正段。

　　第一波初升（跌）段進行時，趨勢尚未完全明朗，等到確認後又隨時面臨拉回，而且幅度通常不大，比較不容易獲利。

　　第五波末升（跌）段進行的時間與幅度很難掌握，也許幾

天噴出急攻就馬上結束,也許延長波後又有延長波,漲(跌)勢緜緜無絕期。

只有第三波的主升(跌)段,時間與幅度至少不會小於初升(跌)段,而且經常會多漲0.382倍到0.618倍,趨勢明顯,容易掌握。

因此,要成為一位優秀的操盤手,隨時都必須瞭解所有股票的趨勢及位置,並且特別注意那些即將進入主升段或主跌段的「候選股」。

避免受到現場氣氛的感染

您若曾經在證券公司的營業大廳或「統舖」式的大 VIP 室裡看過盤,應該都會感受到現場熱烈的氣氛。

即使盤勢平淡無奇,周遭的人們也不會鴉雀無聲。最常聽見的,包括個股的利多利空資訊以及多空看法;有些人則散播一些小道消息與主力動態,最過分的則是不斷向鄰座的人推薦自己持有的股票。

當盤中出現大筆買賣單,造成熱門股急速上漲或下跌時,現場的氣氛往往沸騰到最高點;幾乎所有的投資人都在猜測這隻大手來自何方,以及他所指引的方向。比較衝動的投資人則受到刺激,馬上採取同樣的動作,並且慫恿大家跟進。

人類是善於模仿的動物,要堅持主見,不隨波逐流是十分不容易的。

　　不過，如果在看盤時受到影響而打亂了原訂的操作計畫，結果導致錯誤並以賠錢收場；對投資人來說，未嘗不是一個慘痛的經驗，可以迅速提升投資水準，早日達到理想的境界。

　　當然，脫離現場也不失爲一個可行的方法。將看盤的場所移回自己家中，安安靜靜地獨立操作；對於比較缺乏定力的投資人來說，可能是唯一的選擇吧！

第三章　看盤的工具

證券行情揭示板

　　早期的證券公司，在營業大廳的正中央都有一片非常壯觀的證券行情揭示板。

　　揭示板上，除了集中交易市場中所有的股票名稱之外，還有彩色的大型數字顯示出目前的交易狀況，包括買進、賣出以及成交的價格；最後一欄則輪流顯示漲跌幅、單筆成交量與累計成交量。

　　色彩所顯示的意義，紅色代表上漲，藍色代表下跌，黃色則表示平盤。

　　成交價格前面加註「＋」記號表示漲停板，「－」記號表示跌停板。

　　這種證券行情揭示板的好處是排場闊綽，而且數字大而醒目，即使距離較遠也看得清楚。

　　不過，每隔一段時間，新增股票達到一定數量之後就必須重新調整，費力費錢；而且，在上市股票不斷擴增之下，原有面積不敷使用，後段股票必須輪流顯示，影響即時的效果；同時，整座揭示板的長度不小，投資人無法一眼看盡，往往只能

據守一隅，專注於部分手中持股較多的股票。

　　近年來有不少證券商的營業大廳中，已經不再設置證券行情揭示板，改用較大尺寸的電視牆。

電視牆

　　大多數的證券經紀商，整個營業大廳的牆面都佈滿了電視，讓投資人隨時瞭解股市的行情。

　　正面的電視牆大都採用十七吋或二十吋的大螢幕，將所有上市上櫃的股票，依股票代號的順序展示出即時的交易狀況。

　　畫面包括股票名稱、買進價、賣出價、成交價、漲跌幅、單筆成交量、累計成交量、本日最高價、本日最低價。

　　其中的成交價、最高價與最低價若上漲則以紅色顯示，下跌為綠色，平盤為白色，漲停為紅底反白，跌停為綠底反白。買進價、賣出價與漲跌幅的顏色則與成交價呈現同步變化。

　　股票名稱、累計成交量與單筆成交量一般均為白字，但單筆成交量若超過100張則特別以粉紅色標示。

　　電視牆最大的好處是股票若出現增減，甚至改變代號時，只需變更軟體而不必動到硬體設備，較為省時省力；而且能夠同時呈現較齊全的即時資訊，供投資人作為研判的參考。

　　此外，由於牆面寬闊，至少足夠將一些重要類股重複顯示兩組；也可以將熱門股匯集於幾台電視畫面中，供給有特殊需要的投資人觀看。至於一般的投資人，只要選擇適當的座位，

通常都能看到所有的股票，十分方便。

　　在兩側的牆面、營業櫃檯的上面或營業員的身後上方，以及 VIP 室中，一般也設置了電視牆，不過螢幕較小，通常都以十四吋為主。

　　電視牆上總會撥出幾個畫面來顯示一些特殊的資訊，包括：

1. 每五分鐘加權指數、漲跌幅與走勢圖。
2. 每五分鐘不含金融股指數、漲跌幅與走勢圖。
3. 每五分鐘各分類指數、漲跌幅。
4. 加權指數即時指數、漲跌幅與走勢圖。
5. 買進總張數、買進總筆數與平均每筆買進張數。
6. 賣出總張數、賣出總筆數與平均每筆賣出張數。
7. 成交總張數、成交總筆數與平均每筆成交張數。
8. 上漲、漲停板、下跌與跌停板的家數。

單機即時行情系統

　　在證券公司營業大廳中，經常可以看到一些單獨擺設的電腦，孤零零地佇立在角落裡，鮮少有投資人去理會它們。

　　其實，這些單機都裝設了精業的即時行情系統，可以提供不少資訊，十分好用。

　　除了上一節之中電視牆所顯示的各種資訊之外，精業證券

行情即時系統還具備了下列的功能：

1. 漲幅排行榜。
2. 跌幅排行榜。
3. 成交量排行榜。
4. 個股分時走勢圖。
5. 個股分價量表。
6. 成交回報系統。
7. 集中市場與店頭市場每五分鐘買進、賣出與成交的張數、筆數與每筆平均買賣張數。
8. 即時新聞。
9. 江波走勢分析圖。

此外，加權指數、未含金融加權指數、櫃檯指數、各類股指數，以及個股的日線、週線、月線，再加上即時的技術分析，都可以在盤中隨時查看。

個人操盤室

如果不方便到證券公司去看盤，或者認為那種環境太混亂不能冷靜研判行情，您也可以在自己家中或辦公室設置個人操盤室。

若有需要，經濟許可，地方又夠寬敞，的確有人在操盤室中裝設電視牆。不過，以一般投資人來說，能夠擁有大時科技

轟天雷專業版，一機四螢幕的即時系統就已經屬於豪華配備了。

　　此外，除了證券公司常見的精業證券行情即時系統，市面上還有不少公司也分別推出單機操作的看盤軟體；包括：儒碩、企龍、大富、建功，以及大時科技的轟天雷、迅雷等。

　　這些證券行情即時系統的功能，大致與精業的系統大同小異。不過，由於屬於個人專用，所以一般都會利用其中「自選股票」的功能，將手中持有或準備操作，以及具有代表性的股票匯集在一、兩個畫面之中，便可以隨時注意它們的變化，免得錯失了買賣的時機。而且，為了避免一時的疏忽，還可以預先設定警示的價位或成交量，一旦出現便會發出異聲提醒投資人採取因應動作。

　　近年來，有些公司研發出與網際網路連線使用的軟體，例如：倚天「股博士」、寶碁、大時「股神通」等。投資人必須使用視窗環境連接網際網路，到這些公司的網站上去抓證券即時行情的資訊。

　　這些系統所能提供的資訊也差不多，效果也不錯。好處是僅需依使用時間付費；缺點則是操作方式較繁複，而且怕連線不易。

其他看盤方式

第四台（有線電視）

　　有線電視的系統業者至少都會規劃一至三個頻道播放股票即時行情；有些衛星頻道也提供這項服務，甚至安排主持人插播一些即時資訊或行情分析。

　　利用第四台看盤的好處是省錢省力，在自己家中或辦公室便可進行，而且不必額外付費，只須繳交有線電視的收視費即可。對於沒有時間到號子去看盤的投資人，可以說是最方便的選擇。

　　不過，電視畫面一次大約只能顯示八檔股票，以目前上市上櫃的有價證券約七百種計算，每十秒鐘翻頁一次，大概需要十五分鐘才能輪流顯示完畢，若稍不留意漏看了一遍，下次再看到的資訊，距離記憶中的行情已經過半小時的變化，可能會錯失許多買賣的良好時機。

　　如果收看的是股市即時行情分析節目，很容易受到主持人言論的影響，任意介入完全不熟悉的股票，到時怎麼出場都不知道，還可能蒙受到重大的損失。

收聽廣播

　　用收音機「聽盤」，對於許多老投資人來說並不陌生。在

七十六年大量證券公司設立之前，大多數的投資人獲得股市即時行情的來源，便是中國廣播公司的證券行情實況轉播。

不過，當時的上市公司家數不多，很快便可輪流一圈，而且使用人工撮合，參與的人又不多，漲跌變化較少，用聽的也能操作自如。現在上市上櫃股票種類繁多，播完一輪費時不少；若逢漲跌迅速的盤面，根本無法掌握到正確的脈動，只能靠運氣了。

對於某些不能到號子看盤，也無法觀看第四台資訊的投資人來說，若想知道大盤的動向，以及自己手中股票漲跌的大致狀況，收聽廣播算是最方便、最省錢的方式了。

不過，選股的對象應該盡量避免暴漲暴跌、投機色彩濃厚的股票，而且操作的方式最好以中長期波段為主。

盤中語音即時資訊

中華電信公司提供股市投資人一項即時資訊的服務，只要到營業櫃檯申請辦理，一次繳交500元或1000元，並取得一個專屬密碼，即可於半年之內收聽一千分鐘或二千分鐘。

使用者只要撥打電話，並輸入密碼之後，便可以聽取大盤的指數、成交總值、漲跌家數、買進、賣出、成交價格，漲跌幅、成交量以及最高價、最低價等資訊。

系統會根據密碼扣除點數，並於每次進入系統時告知使用者剩餘點以供參考；點數的使用期限為六個月，期滿自動失效，必須重新申請。

　　這種盤中語音即時資訊的優點不少，包括：費用低廉、使用方便、資訊即時，而且可以選擇個人最需要的資訊。對於上班族來說，操作的隱密性不錯，神不知鬼不覺便可以獲知正確、即時的股市行情。

看盤機

　　今年以來，包括倚天傳訊王、隨身寶等掌上型看盤機被研發成功而推出上市，並且深受投資人喜愛。

　　它能提供各種股市即時行情，加上國內外金融以及新聞、生活等資訊，而且隨身攜帶，使用簡單，十分方便。

　　費用方面，必須同時向中華電信申租「無線電資訊廣播業務」的資訊服務，每個月約在1000元以內，尚稱合理。

　　此外，由寶源電腦資訊公司研發成功的「寶才通金融股票機」，從證交所與香港資訊公司取得國內外的股市、金融、新聞、生活等資訊，即時傳送。

　　其機身只有一般呼叫器大小，攜帶使用都很方便。由於隱密性強，十分適於上班族作為看盤工具。

　　每個月資訊費約800元左右。

　　最近又有網源資訊公司與儒碩公司合作，推出「網路精靈看盤機」，一方面透過電話線連接股票資訊，一方面傳送到家中的電視機顯現出來。

　　操作方式是使用遙控器，可觀看大盤、個股等即時報價與買賣交易資訊等，費用大約為每月800元。

第二篇
開盤之前的準備工作

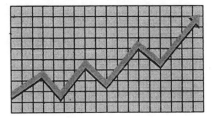

第二篇

開發文献的整理工作

第四章　選擇觀盤重點的股票

主流類股

主流類股匯集了最多的人氣，吸引大部分投資人投入，當然成為多空對決的主戰場。

在一個中期波段中，主流類股的漲跌往往能夠牽動整個大盤的方向，尤其是其中的代表股，一顰一笑都馬上對投資人的心理產生微妙的影響。

龍頭股

龍頭大型股的知名度高，而且佔分類指數的權值比重大，故其表現好壞不但會影響到類股的指數，也代表法人圈的多空看法，當然受到投資人的重視。

績優股

業績是最容易使人認同的題材，因此，績優股與龍頭大型股的漲幅雖然不一定要最大，但是絕對不能落後其他同類股太多。萬一出現這種情況，通常表示只是業內或作手進行局部性的投機炒作，其持續時間與幅度都不能期望太高。

指標股

主流類股都會標榜某個炒作題材，而相關的股票經常領先上漲，成交量也較平日放大數倍以上，稱之爲「指標股」。只要它持續上揚，類股與大盤便沒有拉回的疑慮；但是當它逐漸轉弱之後，若沒有其他股票出來接棒，盤勢極有可能進入整理。這是看盤時應該特別注意的股票。

主要產業代表股

所有的上市發行公司依產業別分爲十九大類，若以產業的重要性與總市值兩方面爲考量，分居製造業與服務業龍頭的電子與金融，無疑爲最重要的兩大產業。此外，仍然擁有重要地位，但是在國內發展潛力明顯減緩的 B 級主要產業，則包括營建、紡織、塑膠與鋼鐵等。

以上總計六個產業，我們若仔細回顧國內股市過去十年來輪流擔綱的主流類股，幾乎很少脫離這個範疇。因此，當主流類股稍事休息時，出面墊檔的股票也經常出自此處。

爲了掌握類股輪替表現的脈動，看盤時絕對不能忽略了上述各主要產業的代表股；選擇的重點也是一樣，包括各產業的龍頭大型股、績優股，以及股性較活絡、具有炒作題材的股票等。

當紅的概念股

股票的價格並非反映過去的紀錄，而是反映未來的前景。因此，市場上常會流行一些炒作題材，並且為相關的上市公司編織美麗的夢，結果還真的吸引不少投資人競相追逐，造成量價齊揚的榮景。

這些炒作題材，包括高股利、資產、轉機、董監改選、借殼上市、中國概念、休閒概念、大哥大概念、高鐵概念等。

炒作題材這麼多，當然不可能同時發動，而是採取輪流表現的方式。除非行情太差，否則通常都會有某些概念股出線，成為盤面的明星。

這種類型的族群，往往都有主力的身影；因此，一旦啟動之後，至少會有幾天的榮景，不太可能只是一日行情。因此，當紅流行的炒作概念，其代表股票也必須列入觀察的重點。

有關各種概念，題材性最濃的一線股票，試為讀者列舉如下：

資產——農林、台鳳、泰豐、士紙。

中國概念——正新、建大、巨大、寶成。

休閒概念——六福、愛之味。

大哥大概念——遠紡、太電、東訊、震旦行。

高鐵概念——大陸、東元、富邦保。

以下的題材每年符合的公司可能不同，這裡所列出的是八

十七年第一、二季時選擇的結果：

　　高股利——華碩、日月光、順大裕。

　　轉機——神達、金寶、和桐。

　　董監改選——味全、達永興、聚亨、中化。

　　借殼上市——台芳、普大、國賓瓷、皇帝龍。

　　當概念題材成為市場矚目焦點時，適當地選擇一兩檔一線股，以及漲幅最大、成交量最高的相關股票，列為觀察目標，才不會錯失強勢股。

面臨轉折的股票

　　投資股票一定要透過完整的買賣動作才能產生效益，無論是先買後賣，還是先賣後買，必須要看對個股的多空趨勢才能賺到錢。

　　上市、上櫃的各種有價證券種類繁多，在盤面上此起彼落，漲跌無常；不過，若仔細加以分辨，幾乎每一天都有部分的股票結束跌勢，開始進行波段上漲；同時也有一些股票翻多為空，進入中期的下跌修正。

　　這些出現轉折的股票為投資人提供了最寬廣的獲利空間，但也會讓選錯方向者蒙受重大的金錢損失；作為一個操盤者，目標既然設定在獲取最大的利潤，當然不能錯過這種機會。

　　可是，一檔正在持續上漲或下跌的股票，如何知道它即將反轉呢？

　　我們可以從空間與時間兩方面加以規劃，選擇出一些符合條件的股票，並將之納入觀察的名單內。

空間的規劃

　　在空間的規劃上，黃金切割率的運用十分重要。

　　上漲的波段滿足點，可以前一波段的漲幅加以測量，大約為1倍、1.382倍、1.5倍或1.618倍；反彈的滿足點，大約為跌幅的0.382、0.5或0.618；下跌的波段滿足點，大約為漲幅的0.382、0.5或0.618。

　　五大波漲勢結束之後的中期大修正波，較為慘烈者，當股價下跌到大約一半的價位，也就是一般所謂「腰斬」時，通常也極有可能止跌翻揚。

時間的規劃

　　在時間的規劃上，一般都參考費波南希系數。

　　所謂「費波南希系數」，就是一組神奇的數字，包括1、2、3、5、8、13、21、34、55、89、144等。

　　當股價漲跌波段進行的時間達到上述的數字，結束反轉的機率很高，尤其以5、8、13、21四個數字最為常見。

　　因此，短期波段進行到第五天、第八天、第十三天或第二十一天的時候便應特別注意。同理，中期波段看週線、長期波段看月線，都值得詳細觀察。

　　根據空間與時間的規劃，分別將條件符合的股票列出來，

若成交量或技術指標也呈現背離，便可以選擇其中較具市場認同度者，列爲觀盤時的重點，以便掌握反轉訊號與買賣的時機。

第五章　瞭解目前的趨勢與位置

大盤與主流類股

　　操盤者對於大盤的趨勢與位置，一定要具有明確的認知。

　　基本的大趨勢，究竟是多頭市場還是空頭市場？

　　長期的趨勢，究竟是第幾大波？屬於上漲波還是下跌波？

　　中期的趨勢，究竟是第幾小波？屬於上漲波還是下跌波？

　　短期的趨勢，究竟屬於第幾浪？漲勢還是跌勢？

　　從**圖六**，台灣加權股價指數的月線圖中可以規劃出下列的波段：

年／月	79/02	79/05	79/06	79/07	79/08	79/10	79/12	80/01	80/05	80/10	81/01	82/01
加權指數	12682.41	5822.85	8007.99	4450.31	5825.95	2485.25	5267.26	3142.59	6365.61	4032.79	5459.08	3098.33
中期小波	1↓		2↓		3↓		4↓		5↓		a↓		b↓		c↑		1↓		2↑		3↓
長期大波	A↓					B↑				C↓		
基本趨勢	空頭市場											

年／月	82/01	82/04	82/09	83/01	83/03	83/10	83/10	83/12	84/08	85/07	85/07	86/04	86/05	86/08
加權指數	3098.33	5091.66	3740.82	6719.94	5125.64	7228.33	5916.39	7180.34	4474.32	6624.69	5943.75	8758.41	7893.72	10256.10
中期小波	1↑		2↓		3↑		4↓		5↑		a↓		b↓		c↓		1↑		2↓		3↑		4↓		5↑
長期大波	一↑					二↓				三↑			
基本趨勢	多頭市場													

〔註〕後面仍有第四大波的修正波與第五大波的末升段漲勢。

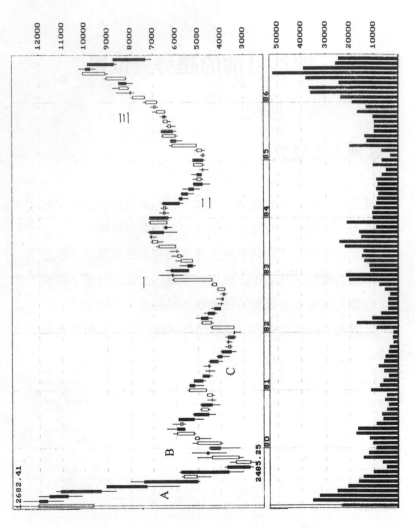

圖六 加權指數月線圖 (79/01~86/10)

　　以上是基本趨勢長期大波與中期小波的規畫，每個中期小波又可以區分為短期的小浪，請參考**圖七**的週線圖，這是上述多頭市場中三之一波的上漲段，時間是八十四年至八十五年中，整個中期上漲波段再細分為五個短期小浪：

　　　　1.84/11/18的4530.96，上漲至85/01/04的5209.51
　　　　2.85/01/04的5209.51，拉回至85/02/07的4672.67
　　　　3.85/02/07的4672.67，上漲至85/04/29的6237.37
　　　　4.85/04/29的6237.37，拉回至85/05/21的5695.50
　　　　5.85/05/21的5695.50，上漲至85/07/02的6624.69

　　至於主流類股，其漲跌情況與波浪的畫分，通常與大盤呈現同步。

　　瞭解長期與中期的趨勢與位置之後，必須嚴格遵守「順勢」的原則，絕不操作逆勢的個股。至於短期的脈動，盡量進行與中期趨勢符合的操作方向，當進入反向修正的波動時，只能採用短線迅速了結的方式；若沒有把握，暫時休息也無所謂。

各類股的趨勢與位置

　　除了主流類股的趨勢大致與指數同步之外，其他類股的漲跌便不見得一定會跟隨著大盤起舞。

　　至於各類股所處的波段位置，更是經常各自發展，與大盤指數不一定相同。

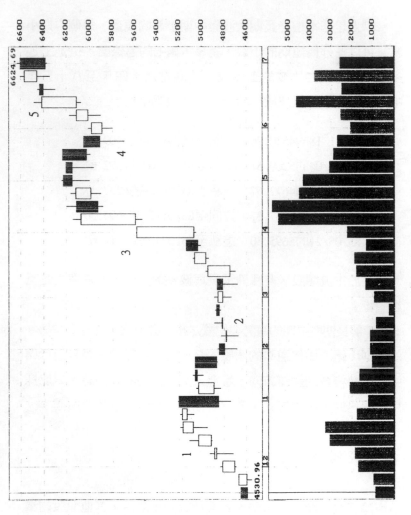

圖七　加權指數週線圖 (84/12~85/07)

　　例如：前一段中有關加權指數的規劃，從八十六年五月到八月之間進行的是三之五波的上漲。

　　但是從十九大類股的走勢看來，卻只有電子、橡膠、汽車、其他等幾個類股呈現漲勢。從中期規劃來看，也大都在進行三之五波；電子股又獨樹一幟，進行的是第五波末升段的走勢，大致屬於五之三波。

　　至於其他各種類股，從中期波段觀點來看，第一大波主升段的漲勢均結束於八十六年三月，到了五月至八月之間，大都正在進行二之 C 波的修正，少數則屬於二之 A 波。

　　瞭解各類股的趨勢與位置之後，在資金的分配與控管方面便可以進行合理的規劃，對於末升段的股票僅可短線操作，並且密切注意反轉的訊號；一旦發現異狀就必須斷然出脫，絕不戀眷。

　　大部分的資金應該放在主升段的股票上，除非趨勢正式轉弱，否則均可進行較長的波段操作。

個股的趨勢與位置

　　瞭解了大盤與各類股的趨勢與位置仍然還不夠，因為，除非另外進行指數期貨的買賣，否則根本無法保證獲利。若想真正賺到錢，唯有正確掌握到個股的漲跌脈動，並且在適當的時機切入進行實際的買賣動作。

　　因此，對於所有的股票都必須加以注意與瞭解，並研判出

它們的趨勢與位置。這個動作至少可以達到三個目的：

1. 從大多數個股的趨勢與位置，可以較正確地推算出大盤的趨勢與位置。
2. 將個別的股票一一加以比較之後，可以瞭解最為強勢與弱勢的類別股何在？
3. 將漲跌趨勢最明顯的股票列為優先進行操作，將可能於近期內出現反轉的股票列為觀察名單。

第六章　資訊的蒐集與研判

熱門股進出表

　　經濟日報與工商時報，在證券版面上都會撥出一個空間，將上市上櫃股票在前一天的交易狀況，於各券商買賣成交的張數列出總表，以供各方參考，稱之為「熱門股進出表」。（圖八）

　　由於全國券商家數眾多，無法一一列出，因此各檔股票均只刊載數字較大的券商；同時，由於篇幅有限，無法容納所有股票，所以只能選擇較「熱門」，亦即成交量較大者刊載。這也就是「熱門股進出表」名稱的由來。

　　不過，一些證券專業報紙，如財訊快報、產經日報等，由於篇幅較充裕，所以可將所有上市上櫃的股票悉數列出，熱門券商的家數也較多。同時，出報時間通常在當天下午六點左右（以台北市為準，其餘縣市依距離遠近而有時間落差，但除離島之外，均可於當天晚上看到）。

　　如果向各家股市資訊公司訂購「券商進出表」，大約於當天下午四點便可以利用數據機電傳資料。不但所有上市上櫃有價證券無一疏漏，而且全國大小券商買進與賣出的成交張數均

鴻運 1
證券商	買進	證券商	賣出
百富勤	1871	慶豐	729
建弘	582	群益	700
大華	74	建弘	363
元大	50	台鳳	200
群益	50	台証	191
統一	45	統一	124
金豪	35	台北銀行	90
富邦	30	一銀	70
高橋	30	中信局	60

臺鳳 1206
證券商	買進	證券商	賣出
金豪	1690	環球	735
元富	156	大永	358
環球	100	金豪	300
新寶	73	永全	214
大華	61	台証	66
大昌	44	仁信	50
元大	29	元大	47
中信	26	大信	46
勝和	21	中興	42

南亞 1303
證券商	買進	證券商	賣出
建弘	1567	凱基	8000
元大	1258	第一	1459
京華	792	統一	666
大華	779	日盛	501
統一	677	京華	470
凱基	533	金豪	402
富邦	445	僑銀	332
日盛	443	金鼎	275
金鼎	399	元大	270

新燕 1431
證券商	買進	證券商	賣出
亞東	256	亞東	396
統一	200	百富勤	278
太平洋	189	大華	268
百富勤	175	太平洋	200
亞洲	119	大發	100
大華	77	大信	42
日盛	59	金興	11
康和	52	康和	10
元大	47	高橋	8

東雲 1462
證券商	買進	證券商	賣出
大發	1374	群益	342
群益	158	寶信	220
中興	140	元大	213
京華	137	京華	201
富邦	122	金豐	200
大華	105	台証	161
建弘	97	富邦	141
元大	82	日盛	104
日盛	80	金鼎	76

台光 1601
證券商	買進	證券商	賣出
建弘	2654	百富勤	820
日盛	753	元大	366
長鴻	300	中興	288
百富勤	177	長利	260
金鼎	114	環球	228
統一	98	金鼎	189
台証	59	群益	186
大發	50	大信	179
大新	50	大展	150

成功 5
證券商	買進	證券商	賣出
永昌	4095	百富勤	5400
金豪	2897	怡富	2559
群益	340	凱基	400
大新	335	高橋	59
元大	216	信隆	30
台育	120	交銀	10
中信局	100	一銀	10
大安	100	永盛	10
企銀	60	永昌	9

嘉食化 1207
證券商	買進	證券商	賣出
京華	590	金豪	315
大慶	417	太平洋	246
太平洋	246	亞洲	126
金鼎	110	統一	108
一銀	100	中信	68
統一	57	日盛	58
永昌	52	公正	55
大永	50	企銀	53
元豐	41	大昌	53

國喬 1312
證券商	買進	證券商	賣出
中信	2074	中信	2130
巨鼎	371	金鼎	1746
元大	329	元大	304
元富	279	安泰	120
京華	266	日盛	117
日盛	242	台証	113
富順	195	建弘	106
建弘	180	快樂	100
台育	166	富順	90

臺化 1433
證券商	買進	證券商	賣出
元大	214	元大	216
日盛	135	日盛	175
彰銀	122	永昌	100
中日	116	金鼎	100
元大	110	富邦	71
寶順	100	萬泰	54
新英	86	京華	52
永昌	78	環球	51
統一	74	勝和	50

得力 1464
證券商	買進	證券商	賣出
群益	808	群益	876
正友	220	正友	220
京華	138	大昌	100
元富	114	台証	73
康和	60	康和	71
百富勤	53	中信	68
金鼎	52	大信	67
元大	47	日盛	57
中信	45	元大	53

太電 1602
證券商	買進	證券商	賣出
太平洋	1089	大華	988
日盛	533	群益	689
僑銀	504	[illegible]	642
元大	377	元大	639
富邦	374	統一	423
大信	322	金鼎	373
群益	302	寶來	368
金鼎	272	統豐	365
中信	255	日盛	303

富邦 15
證券商	買進	證券商	賣出
百富勤	1561	金豪	1696
日盛	502	台証	210
富邦	129	大和台北	200
建弘	114	富邦	167
京華	110	元大	113
亞東	50	三陽	100
元富	50	建弘	83
中日	45	元富	76
群益	42	宏福	45

益華 1209
證券商	買進	證券商	賣出
統一	366	萬盛	799
企銀	260	富邦	423
元大	196	三龍	351
元富	164	元大	207
群益	156	日盛	206
京華	147	大信	151
南投	140	富隆	133
金鼎	135	環球	94
環球	131	台育	77

聯成 1313
證券商	買進	證券商	賣出
環球	121	怡富	643
世欣	102	元大	143
統一	96	中日	81
[illegible]	85	建弘	72
日盛	76	寶來	60
康和	65	富隆	50
元大	63	台証	50
富隆	60	台育	50
京華	57	群益	47

裕豐 1438
證券商	買進	證券商	賣出
群益	623	群益	689
元大	99	長鴻	86
亞洲	30	中信局	60
建弘	26	大華	57
康和	25	元大	38
台証	16	京華	13
富邦	15	鴻康	11
環球	14	亞洲	8
中信局	12	宏福	5

大同 1502
證券商	買進	證券商	賣出
日盛	323	元大	354
元大	161	日盛	272
新竹	134	華寶	243
統一	117	寶順	200
大慶	105	統一	108
和美	105	群益	76
勝和	102	大華	76
寶盛	102	寶來	68
中信	92	金鼎	68

太電丁 1602U
證券商	買進	證券商	賣出
建弘	140	中信	560
富邦	106	群益	40
京華	82	信隆	9
大華	55	快樂	4
寶來	50	[illegible]	0
台育	40	中信局	0
日盛	20	合庫	0
元大	20	土銀	0
京華	20	台銀	0

富貴 21
證券商	買進	證券商	賣出
百富勤	2288	協和	4273
元大	1163	建弘	2728
中興	500	統一	1036
萬泰	300	台証	516
建弘	255	萬華	300
[illegible]	200	元富	104
日盛	177	寶順	100
群益	115	富邦	80
元富	100	元大	68

統一 1216
證券商	買進	證券商	賣出
元大	189	金鼎	330
金鼎	122	大信	201
百富勤	100	日盛	107
企銀	70	元大	81
京華	66	華寶	71
日盛	59	大華	67
統一	58	環球	57
興隆	54	統一	57
康和	53	元富	51

中石化 1314
證券商	買進	證券商	賣出
建弘	1207	富邦	901
大信	812	元富	541
永大	567	元大	453
元富	556	統一	439
京華	522	群益	419
中信	521	日盛	388
土銀	411	京華	376
柏克萊	400	建弘	361
日盛	357	亞洲	359

達永興 1442
證券商	買進	證券商	賣出
信富	440	元大	582
國寶	402	大華	225
鼎康	342	海山	207
快樂	150	鼎康	131
寶來	79	寶來	124
中外	68	快樂	120
統一	62	環球	114
大華	54	長鴻	110
海山	52	長虹	52

東元 1504
證券商	買進	證券商	賣出
元富	134	鼎康	209
元大	123	大和台北	154
台証	107	元大	124
致和	106	建弘	119
京華	99	富隆	100
寶來	96	永利	88
日盛	68	康和	76
大信	57	日盛	67
永盛	51	寶來	58

華新 1605
證券商	買進	證券商	賣出
第一	500	鼎康	1046
日盛	407	太平洋	1025
元大	348	日盛	332
金鼎	271	安泰	306
時代	264	元大	287
鼎康	248	京華	260
亞洲	245	統一	186
元富	240	大興	152
富邦	237	富邦	150

中國金 27
證券商	買進	證券商	賣出
統一	1108	元大	730
中日	220	農銀	300
元大	217	環球	102
西螺	106	建弘	100
新光	60	長虹	100
東聯	55	中信	70
快樂	50	中興	54
環球	37	康和	50
東昇	37	大亞	49

泰山 1218
證券商	買進	證券商	賣出
元大	666	日盛	325
台育	647	京華	288
建弘	296	富邦	207
京華	295	元大	179
聯合	214	建弘	177
金山	130	台育	175
環球	123	環球	170
中興	122	東勢	117
群益	69	致和	111

遠紡 1402
證券商	買進	證券商	賣出
環球	743	元富	614
元富	629	元大	332
高橋	483	中信	294
大華	371	日盛	271
群益	216	華寶	236
台育	199	群益	227
日盛	182	慶宜	202
統一	175	統一	193
中信	156	建弘	158

立益 1443
證券商	買進	證券商	賣出
元大	334	富邦	304
寶來	100	元大	126
日日春	50	日日春	50
基隆區會	40	日盛	40
京華	33	元富	40
群益	30	基隆區會	40
信家	22	高橋	30
統一	22	快樂	23
中信	20	群益	22

永大 1507
證券商	買進	證券商	賣出
統一	134	怡富	407
建弘	59	百富勤	29
合庫	52	京華	25
元大	50	元大	24
亞洲	39	亞洲	21
日盛	36	寶來	20
元富	34	元富	19
富華	31	日盛	15
群益	27	統一	13

歌林 1606
證券商	買進	證券商	賣出
日盛	540	日盛	394
寶鼎	510	元大	307
元大	178	京華	173
大祥	150	建弘	127
京華	138	大慶	124
中信	129	富邦	117
仁信	128	群益	117
鴻東	127	亞東	95
建弘	100	金豪	82

台泥 1101
證券商	買進	證券商	賣出
金山	203	里昂	800
統一	176	華寶	228
日盛	141	建弘	73
元大	118	時代	60
台新	106	元大	55
大信	87	永盛	55
快樂	80	環球	51
富順	75	鼎康	50
京華	71	金鼎	48

順大裕 1223
證券商	買進	證券商	賣出
建弘	193	中興	303
華南僑	170	大勝	219
金鼎	163	康和	137
中興	148	台証	134
大裕	120	群益	115
中信	110	公誠	94
大華	101	永興	70
統一	95	建弘	64
京華	92	百富勤	50

華隆 1407
證券商	買進	證券商	賣出
國際	1855	慶宜	2016
元大	1066	國際	1797
中日	1061	元大	1301
大華	834	日盛	905
日盛	833	台証	636
統一	795	新寶	564
群益	691	太平洋	526
鼎康	685	京華	518
永昌	680	元富	454

力麗 1444
證券商	買進	證券商	賣出
萬盛	300	京華	300
永昌	108	日盛	238
世欣	101	正吉	234
日盛	91	元富	174
群益	77	寶來	121
建弘	77	永發	60
元大	68	元大	58
長虹	50	群益	43
天仁	45	金鴻	40

中精機 1508
證券商	買進	證券商	賣出
慶宜	402	元富	319
元富	301	交銀	258
京華	259	建弘	242
金鼎	193	花旗台北	200
信家	150	統一	169
中信	121	大華	162
新竹	100	元大	79
中農	83	群益	76
群益	78	富邦	65

大亞 1609
證券商	買進	證券商	賣出
新竹企銀	1002	日盛	148
元大	125	元大	142
元富	83	永昌	139
中農	41	德昌	129
金鼎	32	建弘	108
光陽	30	康和	108
企銀	26	光隆	78
日盛	25	群益	53
統一	23	元信	51

亞泥 1102
證券商	買進	證券商	賣出
中銀	2183	亞洲	1810
里昂	690	金山	256
群益	152	華寶	236
柏克萊	100	寶來	159
金山	99	太平洋	147
統一	55	百富勤	90
花旗台北	50	中日	60
大興	50	元大	57
日盛	26	環球	53

立大 1226
證券商	買進	證券商	賣出
統一	435	京華	666
金豪	249	統一	347
大展	202	金豪	249
興英	191	興英	191
大華	168	大勝	182
元大	143	群益	140
金鼎	143	金鼎	120
台証	127	富邦	120
建弘	94	元大	88

中紡 1408
證券商	買進	證券商	賣出
建弘	323	統一	259
金鼎	257	大信	224
新竹	240	日盛	202
大昌	231	三陽	200
富邦	157	元大	165
日盛	138	台証	147
元大	81	富順	125
台証	69	金鼎	124
環球	66	京華	107

力鵬 1447
證券商	買進	證券商	賣出
台育	272	新竹企銀	412
寶順	272	元富	284
元大	214	台銀	250
康和	202	日盛	203
中信局	200	農銀	150
日盛	150	大發	94
台証	133	新竹	80
金鼎	110	元大	45
新竹企銀	90	中日	40

飛瑞 1511
證券商	買進	證券商	賣出
一銀	254	寶來	286
建弘	102	元大	148
元大	96	大慶	55
大慶	92	建弘	45
凱基	80	群益	41
亞東	69	日盛	38
中信	35	統一	37
寶來	33	亞洲	24
日盛	32	京華	24

台一 1613
證券商	買進	證券商	賣出
太平洋	251	建弘	281
海山	200	康和	182
中信	142	元大	106
日盛	101	金豪	93
寶來	87	群益	70
金鼎	86	統一	61
京華	86	寶來	48
大華	77	中信	48
元大	56	日盛	44

嘉泥 1103
證券商	買進	證券商	賣出
協和	2500	大信	1727
統一	567	大華	1203
大裕	472	萬盛	1032
群益	311	勝和	350
大和台北	280	亞洲	306
元富	230	金豪	158
大府城	205	富邦	123
大昌	163	中信	120
建弘	147	元大	108

台芳 1228
證券商	買進	證券商	賣出
大發	217	大發	247
元大	154	富邦	130
大華	153	元大	115
富邦	94	致和	105
致和	94	高橋	97
京華	60	中興	67
光和	60	新寶	61
日盛	57	日盛	59
寶成	54	統一	54

新纖 1409
證券商	買進	證券商	賣出
大展	543	金鼎	344
第一	490	統一	340
台証	346	元大	314
寶來	272	日盛	186
環球	264	富邦	124
金鼎	244	宏福	115
統一	221	快樂	110
大華	205	台証	100
土銀	112	富邦	100

台富 1454
證券商	買進	證券商	賣出
統一	199	統一	363
元大	198	三陽	200
大華	190	元大	149
日盛	189	京華	131
長利	160	日盛	126
京華	119	仁信	122
和美	118	中興	111
建弘	93	大信	110
寶來	85	建弘	105

力山 1515
證券商	買進	證券商	賣出
日日春	942	日日春	957
大華	759	大華	638
寶來	250	統一	291
康和	205	新寶	284
建弘	195	台証	153
台証	142	永昌	118
永昌	104	寶來	112
華信	40	大寶	110
元大	39	富邦	65

南僑 1702
證券商	買進	證券商	賣出
大華	312	元大	780
元大	295	金山	711
快樂	205	大永	583
統一	149	新百王	301
富隆	131	大府城	195
日盛	116	群益	161
群益	114	日盛	143
寶來	112	康和	130
華銀	98	新寶	80

圖八　熱門股券商進出表

完整呈現。

　　一般來說，能夠買進或賣出大量股票的人，極有可能是該檔個股的主力。因此，同一天在同一家券商買賣成交的張數很多，就算不是同一個人，也可能其中絕大部分出自同一夥人——例如：主力與其外圍。

　　基於以上的看法，透過熱門股券商進出表的觀察與分析，主力的身影似乎清晰可見了。

　　如果買盤集中，賣盤分散，主力的動作應為進貨；反之，賣盤集中而買力分散，表示主力出貨。

　　例如圖八中，南亞的賣盤有8000張集中於霸菱證券，屬於主力出貨股；台光於匯弘證券集中買進2654張，屬於主力進貨股。

　　證券盤後分析的軟體中，大都備有「主力庫存分析」的功能，不但針對每一個股進行分析，而且還可以設定時段將買賣超情況加以排名，使用起來十分方便，對於籌碼流向的分析以及掌握主力大戶的動向頗有幫助。

融資融券餘額表

　　投資股票，當看好行情時，有多少錢買多少股票；等到看壞後勢時，再將手中股票賣掉。這是正常的作法。

　　可是在股市交易制度中有所謂的「信用交易」。投資人買進股票時，只要以股票作抵押，便有人願意借您部分的現金，

讓您可以多買幾張；當投資看壞某檔個股的後勢，手中卻沒有股票可賣時，也有人願意把股票借給您賣出，只要您將賣得的價款暫存在他那裡，並且額外支付一筆保證金。

借錢給您，稱為「融資」；借股票給您，稱為「融券」。辦理這項業務的機構，包括各證券金融公司、自辦信用交易之經紀商及金融機構等。將上述各公司每日信用交易的增減狀況與餘額彙總紀錄作成表格，並刊載於次日的經濟日報與工商時報，稱為「融資融券餘額表」。（圖九）

由於各金融證券公司對信用交易的客戶設有種種限制，融通的額度也不高，尤其買進的股票無法取回或借戶賣出，主力大戶使用很不方便，因此成為一般投資人擴張信用的合法管道。從個股融資融券的消長狀況，大致可以獲知散戶的看法與操作方向；而整體的變化則經常被視為「散戶指標」。

若融資與融券同步增加，股價也上漲，通常表示主力作多，而且能夠吸引散戶跟進；雖然有些投資人不認同而放空，但仍被強大的買盤所消化，後市看漲。如果股價不漲，甚至反向下跌，可能並沒有明顯的主力介入，大致只是跟著大盤起伏而已。

若融資與融券同步減少，若持續出現，表示主力已經脫身，股價通常也不會有太好的行情，暫時不宜介入。

若資增券減，股價上漲，表示散戶看大好而爭相搶進，漲勢隨時可能衰竭；如果股價不漲，表示主力就算不是供應籌碼者，至少也絕不可能作多，投資人應該保守應對。

融資融券餘額　　單位：張　　10月9日

股票種類	融資 買進	償賣	還出	償現	還金	本餘	日額	上市股份25%限額	融券 賣出	還償	券進	還現	券餘	本餘	日額	資券相抵張數	備註
鴻運元	131	280	—			30554		125000	98	290	—		686			345	
福長民	200	249	—			1190		125000	—	—	—		—			—	
成國民	7	2	—			79		87074	—	—	—		12			—	
成功	66	38	—			19526		125000	9	10	—		255			—	
鴻福信	—	61	—			1391		125000	—	—	—		2			—	OX
和信元	53	—	—			895		97865	—	3	—		9			—	
多永昌	32	64	110			5945		125000	—	17	—		6			4	
統信昌	204	95	—			4131		125000	—	—	—		—			30	
多永昌	563	379	—			11138		125000	3	2	—		5			330	
統信	—	20	—			366		125000	—	—	—		—			—	
富邦	150	1054	50			7804		125000	11	134	—		255			69	
怡富	224	37	—			1320		104054	—	—	—		18			—	
元貴金	485	277	30			4809		103347	—	10	—		8			160	
富貴	1094	377	—			6183		125000	3	20	—		28			557	
中小型	558	976	2			14238		104951	183	274	—		1070			289	X
元滿	719	798	—			11095		70450	—	—	—		9			82	
大鼎概	70	182	—			1910		87500	—	—	—		—			—	
金發金	—	121	—			4809		72852	—	—	—		—			—	OX
中國泥	390	805	—			3557		125000	—	—	—		—			16	
台泥	719	450	115			31671		352216	1	—	—		453			200	
亞泥	188	235	78			9265		379360	28	—	—		55			70	
嘉新泥	3214	3114	66			37019		153107	40	10	—		61			736	
環球泥	704	682	38			18746		106147	—	—	—		1			133	
建台	813	610	125			43728		194666	—	—	—		1			104	
幸福	53	85	20			9537		90911	—	—	—		2			16	
信東大泥	123	61	10			3219		100170	5	—	—		8			79	
味全林	663	341	153			8605		123866	8	33	86		955			196	
農林	—	—	—			1317		117144	—	—	—		—			—	OX
味王	2069	1320	104			69611		155070	39	37	14		380			450	
味王食	1140	951	—			19090		45575	23	1	—		115			37	
嘉食化	—	471	93			15889		248318	—	—	—		—			—	OX
益華成	1791	2623	31			29906		94444	246	192	—		659			336	
大成日	135	228	5			22838		70349	—	—	—		16			15	
中日蜂	828	312	—			11205		56111	7	1	—		26			356	
卜蜂	154	150	254			15271		41475	—	6	—		219			—	
統一味	473	595	39			53752		461526	6	114	—		341			21	
愛之味	466	639	—			17961		72079	10	23	—		33			59	
泰山壽	2568	1399	▲			20131		58476	329	218	17		3904			340	
福壽	—	12	—			2430		60375	—	—	—		—			—	OX
源益	—	9	5			4574		40600	—	—	—		—			—	
顧大裕	1259	804	60			24107		29947	130	65	—		5777			43	@
惠勝	—	4	6			1741		23735	—	—	—		—			—	OX
福懋油	924	175	1043			8567		40346	12	15	23		422			69	
立大格	1798	2044	3			30818		47852	112	121	1		621			180	
佳芳	354	49	2			4282		41801	2	—	—		2			44	
台芳華	401	574	—			18715		21000	541	478	—		7678			239	$ @ A
聯成食	493	500	22			30070		142060	—	—	—		5			86	
聯華	137	203	—			3268		16567	—	92	—		173			7	
聯華益	736	136	—			2721		21060	—	22	—		11			45	$ B
大統	27	16	—			996		28105	—	—	—		—			7	
台塑	1951	615	159			46265		620791	13	335	—		794			438	
南亞聚	6899	1319	120			70973		753985	329	159	—		1516			1517	
臺聚	1310	1357	250			46927		144095	21	78	39		278			255	
華夏	288	410	49			34262		78364	—	—	4		57			15	
三芳	563	627	14			28149		47033	2	9	—		451			42	
亞聚化	148	117	22			7821		37752	1	13	—		14			18	
奕台	—	81	58			4468		48215	—	—	—		—			—	OX
台茶	739	592	30			32588		98083	6	4	—		269			354	
福	216	380	244			13043		56799	—	10	—		15			27	
國	2476	1249	60			61292		150488	23	300	—		642			832	

圖九　融資融券餘額表

　　若資減券增，股價上漲，表示散戶不敢看好，但手中籌碼卻被主力大戶吸納，後勢看漲，甚至可能演變成軋空行情。

法人機構進出狀況

　　報紙上登載的資訊，還有下列各種法人機構前一天的進出狀況：

法人機構投資股市概況（圖十）

　　包括外資（又分為 QFII、境內外僑、海外基金）、投信基金、證券自營商等三大法人系統當日以及當週、當月累計的買、賣金額與買賣超金額。

外資買賣超排行表（圖十一）

　　將當天總體外資買賣超較多的股票分別列出，包括買、賣超的張數，以及累計持股總張數與其佔股本之比率。不過，無法區分 QFII、境內外僑與海外基金等三個體系究竟買、賣什麼股票？

自營商進出股數金額（圖十二）

　　將當天證券自營商買賣總額超過一千萬元者，分別列出其名稱、買進之股數與金額及賣出之股數與金額等。

法人機構投資股市概況

單位：千元　　　　　10月9日

	期間	買進金額	賣出金額	買(賣)超
QFII	本　日	3,031,983	3,212,367	(180,384)
	本週以來	7,911,558	11,191,592	(3,280,034)
	本月以來	12,370,926	19,898,971	(7,528,045)
外資 境內法人	本　日	11,670	65,003	(53,333)
	本週以來	1,105,702	1,008,209	97,493
	本月以來	556,514	1,391,275	(834,761)
海外法人	本　日	347,484	87,801	259,683
	本週以來	448,935	515,542	(68,607)
	本月以來	2,065,827	1,935,665	130,162
外資合計	本　日	3,391,137	3,365,171	25,966
	本週以來	9,464,195	12,715,343	(3,251,148)
	本月以來	14,993,267	23,225,911	(8,232,644)
投信基金	本　日	2,673,382	2,349,161	324,221
	本週以來	6,254,316	10,406,884	(4,152,548)
	本月以來	13,346,206	17,870,384	(4,‘24,178)
證券自營商	本　日	2,273,270	751,890	1,521,380
	本週以來	5,111,940	4,211,320	900,620
	本月以來	5,379,680	4,919,110	480,570
總計	本　日	8,337,789	6,466,222	1,871,567
	本週以來	20,830,451	27,333,527	(6,503,076)
	本月以來	33,719,153	46,015,405	(12,296,252)

註：QFII為外國專業投資機構
資料來源：台灣證券交易所
梁文君／製表

圖十　法人機構投資　　　股市概況

	賣超	持股	
名　稱	張　數	張　數	比率(%)
南　亞	7,727	173,228	5.74
亞　瑟	4,517	33,856	14.97
中　鋼	4,380	596,027	8.07
成　功	4,048	355,639	71.12
臺　塑	3,397	85,047	3.42
櫻　花	2,979	15,291	5.67
統一實	1,509	66,053	9.50
仁　寶	1,327	50,102	10.08
一　銀	1,202	15,204	0.55
國　壽	1,116	135,726	3.88
聯　電	1,109	53,411	1.32
致　伸	1,069	10,618	6.75
台　泥	1,028	10,760	0.76
華　航	948	40,016	2.19
農　林	938	16,283	2.62
太　設	901	61,078	5.33
新　壽	606	14,418	0.78
元富金	590	268,133	64.86
宏　普	533	36,266	15.73
華　銀	518	30,126	1.17
遠　百	500	47,569	9.14
遠　紡	498	166,067	8.80
客　喬	486	13,589	6.67
裕　隆	459	43,714	3.92
永　大	457	20,232	5.42
燁　輝	454	14,295	2.95
聯華食	441	1,567	1.86
康那香	426	11,083	11.54
元　滿	400	14,041	4.98
太　電	400	31,870	2.05
宏　總	372	4,463	1.47
威　盛	350	26,956	7.96
中精機	300	43,286	15.80
新　纖	300	16,282	1.36
信　大	292	8,780	2.19
東　鋼	292	6,889	1.03
中　環	269	38,002	9.91
大　同	243	56,256	2.31
中　保	237	22,251	10.12
統　一	222	53,450	2.89
開　發	216	72,975	4.33
影　視	203	11,691	0.47

資料來源：台灣證券交易所

外資買賣超排行

10月9日

	買超	持股	
名　稱	張　數	張　數	比率(%)
富邦保	7,300	39,084	4.08
美　式	5,150	44,016	20.45
富　貴	3,588	104,034	20.80
台　光	3,357	35,675	15.01
嘉　泥	2,500	26,917	4.39
台積電	2,341	105,120	3.96
富　邦	2,161	57,353	11.47
廣　宇	1,607	10,921	7.40
宏　遠	1,436	35,308	9.90
中　強	1,300	71,716	18.59
川　飛	1,220	5,428	6.80
鴻　運	1,171	61,004	12.20
力　鋼	1,109	64,616	4.94
永　昌	971	75,160	15.03
國　揚	875	87,675	12.52
英業達	832	3,935	1.73
中小型	799	75,547	17.99
亞　泥	754	106,373	7.01
台達電	729	48,419	10.83
怡　富	727	230,740	55.43
明　電	700	49,905	10.48
中石化	698	81,674	7.32
遠　海	662	35,235	6.88
宏　電	660	199,659	10.24
金麗群	534	57,895	19.86
國　建	445	186,754	12.29
展日行	440	6,456	2.05
中　銀	427	38,625	2.08
光　寶	400	24,014	6.95
冠　德	394	35,158	14.40
統　信	331	47,221	44.64
和　信	330	263,327	52.66
益　華	303	75,386	19.95
北　銀	270	618	0.04
大　發	267	25,072	7.16
中華銀	238	238	0.02
多　元	232	262,914	52.58
福　元	226	13,469	7.35
新泰伸	210	24,916	13.25

圖十一　外資買賣超排行表

自營商買進或賣出較多股票（圖十三）

從這個表格之中股票的張數與市價，再對照上一個表格的張數與金額，可以大致推算出部分自營商的進出內容。

不過，就算推算不出個別自營商的進出內容，單就其合計的買賣超狀況便可知道整體自營商的多空判斷，以及他們對各類股後勢的看法。

上市公司持股轉讓

根據證券交易法第二十二條之二第一項的規定，公開發行公司的董、監事、經理人，與超過10％以上的大股東，欲賣出該公司股票的時候，都必須經證管會核准或申報生效，才能於三天之後正式賣出。

公司的董、監事、經理人與大股東，都是最熟悉公司內部運作、財務狀況與營業績效的人員，對於公司前景的瞭解以及股票市價合理性的評估，根本沒有人可以望其項背。

因此，當他們申報賣出手中持股，市場上最直接的想法，通常都是懷疑公司的營運狀況是否出現問題？或者目前的市價已經遠遠超出真正的價值？

而且，根據同法第一百五十七條有關歸入權的規定，他們賣出股票之後，若於六個月內再買回同一種股票而產生利益，應歸於公司所有。所以，這種賣出行為似乎意味著，他至少不看好公司未來六個月的營運前景。

不過，股票市場上的事虛虛實實，有時候他們只是單純因為個人財務操作的理由，其他地方需金孔急而賣出股票，並非真正看壞公司的未來發展；有時候明著賣出500張，暗地裡卻與主力掛鉤，趁股價殺低之後接回3000張。

有些申報轉讓的籌碼並不在市場賣出，而是洽特定人，以大額轉帳的方式整批轉售；有些更只是放煙幕彈，事後只賣一部分，甚至根本沒賣出，只要在三十日內再向證管會申報「未轉讓」的股數與理由即可。

「上市公司持股轉讓」與「上市公司持股申報後未轉讓」的日報表，依例也會由證管會公布，並刊登於次日的報紙上。（圖十四）

分價量表

所有上市上櫃的有價證券，每一檔個股的成交量中，依據每一個成交的價位，累計當天成交的總張數，即為該檔股票的「分價量表」。

所有股票的分價量表，次日的報紙上也會彙總，並依股票代號的順序登載出來。（圖十五）

觀察個股的分價量表，其中成交張數最多的價位，若高於收盤價，可能成為次一交易日的壓力；若低於收盤價，則可能成為次一交易日的支撐。

若該價位累計成交量超過總成交量35%以上，這種現象較

自營商進出股數金額

圖十二　自營商進出股數金額表

單位:百萬元·千股　　10月9日

證券名稱	買進股數	賣出股數	買進金額	賣出金額	買賣總額
金	2,200	130	344.4	15.1	359.5
亞	550	0	74.9	0	74.9
第一	1,013	350	55.9	24.9	80.8
亞洲	450	0	13.9	0	13.9
康	159	0	19.9	0	19.9
國	400	2,299	36.0	142.7	178.7
元大	1,086	549	60.8	44.6	105.4
誠	416	251	31.1	28.2	59.3
東	1,211	0	107.6	0	107.7
大展	0	100	0	16.5	16.5
永昌	296	750	63.9	82.0	145.9
來	98	476	1.1	15.7	16.8
太平洋	2,437	2,540	71.9	48.6	120.5
富邦	3,900	300	350.7	9.6	360.3
群益	29	198	1.7	9.3	11.0
大順	400	0	25.6	0	25.6
京華	46	60	1.6	9.4	11.1
太祥	462	662	27.6	30.8	58.4
台証	4,232	520	124.2	18.3	142.5
台育	145	0	-34.6	0	34.6
中信	1,215	108	115.2	4.3	119.6
大華	1,162	915	41.3	67.8	109.1
金鼎	2,061	280	193.1	6.7	199.8
元富	575	900	61.5	54.0	115.5
梧桐	364	0	30.6	0	30.6
三號	470	839	27.8	49.7	77.5
中己	110	205	8.8	9.7	18.6
金豪	150	0	10.2	0	10.2
世代	400	200	33.4	7.8	41.3
萬資	400	154	36.6	12.4	49.0
莞益	500	0	71.3	0	71.3
東程	773	392	35.9	9.7	45.7
合計	27,797	14,189	2,119.0	751.7	2,870.9

資料來源：台灣證券交易所
註：買賣總額不到一千萬元者不列入本表，但其進出金額計入合計

自營商買進或賣出較多股票

單位:千股　　10月9日

股票	買進	賣出	股票	買進	賣出
亞瑟	4,500	0	聯強	366	136
福懋	3,818	0	宏科	200	0
太電一	998	0	矽品	201	2
太設	902	83	遠裕	200	1
聯電	828	56	光磊	202	8
英業達	693	3	宏電	216	25
仁寶	831	208	裕隆	215	25
國泰	604	14	智邦	200	14
漢海	546	22	中鼎	250	100
臨天	500	0	錸德	200	50
力捷	500	4	友訊	102	1,866
得力	747	262	華隆	804	2,519
台積	482	11	大眾	90	1,023
中鋼	439	8	台紙	1	902
和桐	400	0	大飆	3	486
中保	376	0	高興昌	0	392
光寶	372	33	台化	0	327
台塑	336	2	源興	247	501
宏璟	300	0	威一	2	254
國巨	575	300	國產車	0	250
華通	392	121	茂矽	2	218
旺宏	353	92	台火	0	202
合泰	266	8	三芳	0	200
華邦電	453	205	彥武	3	203
達欣工	247	4			

資料來源：建功電腦

圖十三　自營商買進或賣出較多股票

上市公司持股轉讓

申報日	上市公司	申報人 身分	申報人 姓名	目前持股	轉讓股數
10/09	台產	經理人	隋仲鵬	33,198	33,198
10/09	中銀	10%以上股東	開發基金	868,325,120	1,000,000
10/09	台積電	10%以上股東	開發基金	788,058,720	2,000,000
10/09	聯成食	董事	張郁卿	6,602,262	600,205

上市公司持股申報後未轉讓

申報日	上市公司	申報人 身分	申報人 姓名	目前持股	未轉讓股數	申報股數
86/09/04	三晃	監察人	鍾火德	2,244,476	200,000	300,000

未轉讓理由：價格不理想

資料來源：證管會

圖十四　上市公司持股轉讓與申報後未轉讓日報表

嘉食化 1207	28.60 1101	29.20 253	31.50# 154	大宇 1445	44.40 111	109.00 62	23.40 2879	和桐 1714
12.40* 227	27.90 1275	29.10 65	31.40 30	25.80 198	44.30 109	108.50 29	23.30 1236	36.40* 414
12.35 259	27.80 1147	29.00# 703	民紡 1422	25.70* 1759	44.20* 1205	108.00 114	23.20 1538	36.30 204
12.30 290	27.70 52	28.90 300	54.00* 45	25.60 837	44.10 391	107.50 205	23.10 839	36.20 570
12.25 259	27.60# 183	28.80 273	53.50 90	25.50 1230	44.00 1435	107.00* 139	23.00# 1650	36.10 561
12.20 601	27.50 114	28.70 535	53.00 126	25.40 581	43.90 1217	106.50 44	歌林 1606	36.00 858
12.15 21	27.40 39	28.60* 156	52.50# 47	25.30# 1014	43.80 136	106.00 50	20.60 745	35.90 229
12.10# 531	27.20 14	28.50 108	52.00 82	25.20 273	43.70 811	105.50 83	20.50* 3339	35.80 523
12.05 46	27.10 27	上曜 1316	51.00 24	25.10 33	43.60 876	105.00 353	20.40 2156	35.60 13
益華 1209	27.00 541	17.70 41	利華 1423	宏和 1446	43.50# 1609	104.50 355	20.30 2250	35.40# 98
27.10- 20482	26.90 254	17.60 203	17.30 304	17.40 563	43.40 1382	104.00 443	20.20# 1705	亞化 1715
大成 1210	聯成食 1230	17.50# 605	17.20 342	17.30 628	43.30 1653	103.50 173	20.10 140	32.50* 93
19.60 303	57.00# 238	17.40 675	17.10 271	17.20 1502	43.20 419	103.00# 84	華榮 1608	32.40 81
19.50 456	56.50* 624	17.30* 288	17.00 357	17.10# 1362	43.10 269	瑞利 1512	20.90 20	32.30 120
19.40* 1005	56.00 559	17.20 100	16.90 124	17.00 2407	金緯 1461	19.50 545	20.80 105	32.20 246
19.30# 1026	聯華食 1231	尚鋒 1317	16.80- 294	16.90* 721	33.60 246	19.30 343	20.70* 436	32.10 458
19.20 562	60.50 177	49.20* 5	16.70 287	16.80 782	33.50 421	19.20# 500	20.60 703	32.00 441
19.10 304	60.00* 729	47.50 10	16.60 122	16.70 100	33.40 177	19.10* 648	20.50 770	31.90 409
中日 1212	59.50 64	47.20 2	新燕 1431	力麗 1447	33.30 126	19.00 913	20.40# 288	31.80 531
20.20 33	59.00 163	47.00 16	71.50* 1044	34.30 1213	33.20# 519	18.90 165	大亞 1609	31.70 70
20.10 67	58.50 1	46.90 3	71.00 193	34.20 1583	33.10* 685	18.80 442	16.80* 620	31.60# 88
20.00 637	58.00 4	46.80 5	70.50 54	34.10 1100	33.00 126	18.70 59	16.70# 341	永信 1716
19.90 533	57.50# 22	46.50 28	70.00 832	34.00 4384	東雲 1462	18.60 11	16.60 807	71.00 19
19.80 587	57.00 12	46.30 6	69.50 305	33.90 4296	16.40 162	中興電 1513	16.50 151	70.50- 95
19.70- 243	大統益 1232	46.10 4	69.00 519	33.80* 9060	16.30 1102	28.40 40	泰瑞 1610	70.00 107
大飲 1213	25.00 15	46.00# 2	68.50# 1441	33.70 2520	16.20* 2040	28.30 1043	30.30 40	長興 1717
52.00 6	24.90 28	普大 1318	68.00 3578	33.60 4687	16.10# 1719	28.20 978	30.20 18	76.50* 183
51.50 60	24.80 109	50.50- 122	67.50 76	33.50 2339	16.00 1172	28.10 968	30.10 158	76.00 381
51.00 29	24.70 162	50.00 687	新燕一 14311	33.40 419	強盛 1463	28.00 1503	30.00 324	75.50# 582
50.50- 38	24.60* 200	東陽 1319	113.10 3	33.30 1311	29.10# 5677	27.90 204	29.90 102	75.00 395
尚德 1214	24.50# 158	31.20 3	112.10 1	33.20 710	29.00 644	27.80 560	29.80- 388	74.50 222
30.20- 1533	24.40 8	31.10 105	112.00* 47	33.10 409	28.90 1224	27.70 182	29.70 290	74.00 279
卜蜂 1215	台塑 1301	31.00 224	111.40# 2	33.00 228	28.80 516	27.60 1188	29.60 53	中纖 1718
20.80 122	67.50 81	30.90* 102	1431R	32.70 492	28.70 258	27.50* 321	29.50 5	25.00 42
20.70 101	67.00 5036	30.80 253	55.50* 4	32.60 364	28.60 828	27.40 796	中電 1611	24.90 98
20.60 1114	66.50 4555	30.70 759	55.00 41	32.50 1701	28.50 183	27.30# 1643	24.20 28	24.80* 738
20.50* 3731	66.00- 4871	30.60 174	54.50# 37	32.40# 1405	28.30 70	27.20 182	24.10 25	24.70 1975
20.40 382	65.50 1568	30.50 470	54.00 23	32.30 921	28.00 71	亞力 1514	24.00# 100	24.60 1460
20.30 1581	南亞 1303	30.40 426	53.50 11	32.20 1040	27.90 98	34.00 180	23.90 121	24.50# 1273
20.20 994	63.50 115	30.30# 751	大魯閣 1432	東帝士 1448	27.80 93	33.90 454	23.80 354	24.40 214
20.10 446	63.00# 10222	30.20 36	32.20 17	21.60# 4958	27.70 1023	33.80 954	23.70 252	24.30 401
20.00 1195	62.50 8841	30.10 77	32.10 5	21.40 220	27.60 10	33.70 861	23.60 125	台硝 1719
19.90 561	62.00 3158	大穎 1320	32.00* 74	21.20 219	27.50* 186	33.60 1634	23.50 279	41.80 80
19.80 292	61.50* 467	23.60 461	31.90 17	21.00* 1458	得力 1464	33.50 96	23.40 33	41.70* 60
19.60 36	南亞丙 1303T	23.50* 1148	31.80 207	20.90 1081	34.80 342	33.40 353	23.30 90	41.50 21
19.50# 297	60.50# 40	23.40 551	31.70 335	20.80 1600	34.70 601	33.30 157	23.20* 29	41.40 29
統一 1216	60.00* 10	23.30 368	31.60 333	20.70 1067	34.60 906	33.20 421	宏泰 1612	41.30 114
39.20 167	台聚 1304	23.20 281	31.50 131	20.60 625	34.50 774	33.10 541	32.80 80	41.20 30
39.10 241	29.80 103	23.10# 159	31.40# 18	20.50 214	34.40 573	33.00- 535	32.70 215	41.10 111
39.00* 523	29.70 1011	遠紡 1402	台化 1433	佳和 1449	34.30 940	32.90 3	32.60* 571	41.00 364
38.90 16	29.60 1109	38.90 597	38.50 386	22.30 301	34.20 337	力山 1515	32.50 609	40.90 474
38.80 321	29.50* 1223	38.80* 1421	38.40 947	22.20* 1584	34.10 399	66.50 1386	32.40 262	40.80 477
38.70 1113	29.40 641	38.70 143	38.30 1997	22.10 933	34.00 1388	66.00 628	32.30# 113	40.70 22
38.60 1505	29.30 865	38.60 372	38.20 2676	22.00 1125	33.90- 1385	65.50# 1300	32.20 95	40.60 95
38.50 1219	29.20# 386	38.50 1038	38.10 1196	21.90 210	33.80 404	65.00 555	台一 1613	40.50# 262
38.40 345	華夏 1305	38.40 53	38.00 1750	21.80# 229	33.60 174	64.50 459	18.80 86	生達 1720
38.30# 211	22.30 125	38.30 147	37.90* 1446	21.70 417	33.50 422	64.00 1087	18.70* 237	58.00 39
愛之味 1217	22.20 14	38.20 1781	37.80 613	21.60 63	33.40 740	63.50 764	18.60# 812	57.50* 220
25.30 81	22.10 97	38.10 1038	37.70 268	佳和特 1449A	33.30 592	63.00* 2225	18.50 753	57.00 55
25.20 683	22.00 501	38.00 1237	37.60 842	17.50* 180	33.20 426	62.50 715	三洋電 1614	56.50# 126
25.10* 1639	21.90 290	37.90 938	37.50 352	17.40 52	33.10 167	川飛 1516	26.70 13	56.00 69
25.00 1345	21.80 472	37.80 206	37.40# 402	17.30# 67	偉全 1465	49.40 4	26.60* 8	55.50 3
24.90 1728	21.70 124	37.70 297	福懋 1434	17.20 2	60.00 968	49.30 101	26.50 12	三晃 1721
24.80# 1424	21.60 228	37.60# 541	27.90 826	新藝 1450	59.50 137	49.10 105	26.40# 29	68.50* 21
24.70 1166	21.50* 502	37.50 206	27.80 604	21.30 1640	59.00 180	49.00* 204	26.30 18	68.00# 107
24.60 188	21.40# 58	華隆 1407	27.70 982	21.20 1296	58.50 240	48.90 21	26.20 69	67.50 118
泰山 1218	合發 1306	18.30 1505	27.60# 1328	21.10 2098	58.00# 117	48.80 190	26.10 30	台玻 1802
29.00 360	212.00 53	18.20* 7873	27.50 3252	21.00 2643	57.50 105	48.70 150	中化 1701	42.00 213
28.90 360	210.00 11	18.10# 6888	27.40 1741	20.90 912	57.00* 223	48.60 233	58.50 563	41.90 167
28.80* 1026	208.00* 19	華隆特 1407A	27.30 1563	20.80 680	56.50 111	48.50 278	58.00 1129	41.80* 768
28.70 750	207.00 7	23.50 6	27.20 2261	20.70 3480	大同 1502	48.40# 234	57.50 1730	41.70 310
28.60 343	206.00 10	23.40 3	27.10 1165	20.60# 2163	35.20 92	48.20 111	57.00- 1026	41.60 168
28.50 147	205.00# 29	23.30 5	27.00 448	20.50* 624	35.10 550	48.10 17	56.50 189	41.50# 445
28.40 19	204.00 25	23.20 42	26.90 609	20.40 441	35.00* 700	48.00 85	南僑 1702	41.40 254
28.20 154	203.00 9	23.10* 92	26.80* 319	20.30 119	34.90 379	利奇 1517	21.10 74	41.30 275
28.10# 347	202.00 33	23.00# 45	中福 1435	年興 1451	34.80 679	81.00* 135	21.00* 328	41.20 3
28.00 111	201.00 5	中紡 1408	22.80 23	85.00 340	34.70 608	80.50# 238	20.90 271	凱聚 1805
泰山特 1218A	200.00 13	11.85 75	22.70 19	84.50 77	34.60 68	80.00 481	20.80 438	18.50 1094
22.30 3	三芳 1307	11.80 1091	22.60 88	84.00 213	34.50 586	79.50 208	20.70# 367	18.40 986
22.20 18	24.30 137	11.75 1143	22.50 260	83.50 1257	34.40 834	典 1518	20.60 136	18.30 599
22.10 2	24.20 305	11.70 2383	22.40# 263	83.00* 1034	34.30 1911	23.80 173	榮化 1704	18.20 337
22.00- 59	24.10 167	11.65- 1716	22.30 178	82.50 36	34.20 1345	23.70 174	29.20 10	18.10 863
21.80 3	24.00* 167	11.60 146	22.20* 112	82.00 59	34.10 584	23.60 278	29.10* 188	18.00* 1207
福壽 1219	23.90 63	新纖 1409	22.10 1	81.50# 70	34.00# 644	23.50 251	29.00 38	17.90# 1155
16.20 157	23.80 595	17.10 876	福益 1436	81.00 132	士電 1503	23.40# 253	28.90 11	17.80 146
16.10 572	23.70 201	17.00* 4940	37.40* 10	80.50 155	54.00* 356	23.30 76	28.80 18	信益 1806
16.00 710	23.60 391	16.90 1328	37.30 44	80.00 351	53.50# 806	23.20 120	28.70 304	40.20 58
15.90 785	23.50 343	16.80 1522	37.20 61	79.50 98	53.00 680	23.10 1	28.60 984	40.10 233
15.80 851	23.40 312	16.70 419	37.10 148	79.00 57	東元 1504	23.00 222	28.50# 479	40.00 267
15.70 734	23.30# 334	16.60# 511	37.00 26	78.00 119	43.80* 115	22.90 5	28.40 114	39.90 298
15.60 907	23.20 522	南染 1410	36.80 37	宏益 1452	43.70 48	22.80* 37	28.30 180	39.80* 423
15.50# 215	23.10 620	38.40 77	36.70 35	37.70 98	43.60 260	華城 1519	28.20 149	39.70 222
15.40* 413	亞聚 1308	38.30 98	36.60# 1	37.60 595	43.50 594	45.80 21	葡萄王 1707	39.60 268

圖十五　分價成交量表

為明顯；若有數檔價位成交張數差異不大便較缺乏參考性。

一般的消息

　　報紙上每天都報導了很多消息，大多數都與股票市場沒有什麼關係。

　　其中會對股市產生重大影響的部分，大致包括政府首長（尤其財經官員）的更替，政策（尤其是財經與金融方面）的轉向，產業、景氣的變化，以及個別公司的利多利空消息等。

　　面對這麼多的訊息，究竟要如何判定？又要如何因應呢？

　　首先要先確定這個消息的性質與事前反映的程度：

1. 屬於實質的利多利空？或者只會造成心理面的影響？
2. 它的影響層面屬於短期？中期？還是長期？
3. 它是衆人預期之中的消息？或是突發性的事件？
4. 它是循序漸進的結果？還是一反以前情況的異常現象？
5. 在消息醞釀期間股價是否已經先行反映？反映的幅度夠不夠？
6. 雖然屬於突然宣布的消息，但是股價卻早已反映了這個事實，是否有人事先知情？

　　總之，低檔見利多或高檔見利空，無論如何先搶進一些或賣出持股，出錯機會不大；反之，若在低檔看到壞消息，或在高檔利多頻傳，最好小心應對。

第三篇
實戰操盤技術與戰略分析

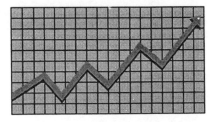

第七章　各種盤中資訊的使用方法

工欲善其事，必先利其器

　　我在證券公司的營業大廳內，看到許多投資人三、五成群地坐著，一面聊天，一面漫不經心地看著電視牆；若靈感來了，或是聽從鄰座者的建議，便輕率地進行買賣。

　　我認為天底下做任何事情都一樣，必須認眞、努力地去做才能成功；尤其在股票市場裡，每一個參與者無不絞盡腦汁，希望把別人口袋的錢掏出來，放到自己的口袋中，當然不可能只靠著一時的心血來潮，隨意將事就能達到目的。

　　事實上，投資股票不但必須集中精神，隨時注意盤面的變化，而且要善用周遭的工具，蒐羅各種盤中資訊，以加強自己研判行情的準確度。

　　在第一篇第三章中，曾經介紹了不少看盤的環境與工具。其中收聽廣播者僅能獲知買賣與成交價位；其他的各種方式，除了上述資訊之外，都可以取得更多的盤中資訊。

　　電腦處理資訊的速度與能力日益增強，各家經營有關股市資訊的軟體公司不斷開發出新產品，使單機操作系統的功能已經十分完備。

當然，各種盤中的資訊若能取得越完整，越能有效掌握買賣的契機。不過，基於經濟的考量，我認為只要擁有一台單機操作系統，並妥善運用它所能提供的盤中資訊，便能得心應手，無往不利了。

在自己家中或辦公室配置單機來操盤，固然十分理想；不過至少需耗費4、5萬元，每個月傳輸費用（連電話費）還超過5千元，同時必須準備一線電話專為視訊傳輸之用。

若在證券公司看盤，無論是營業大廳或 VIP 室都有配置單機系統，而且使用者不多，投資人應該選擇一個適於隨時離座，而且靠近該項設備的位置，以便經常查看各種盤中資訊。

使用看盤機、盤中語音資訊，或者收看第四台股市即時資訊的投資人，雖然能夠掌握到的資訊不夠完整，但是較重要的部分已經齊備，只要多用點心，也足可掌握到大致的方向。

各家股市資訊軟體公司推出的單機操作系統，其功能各自不同；本書囿於篇幅有限，無法一一介紹。不過，由於各家系統的差別不大，本書中所舉案例雖然均以大時科技的「轟天雷即時行情系統」為主，讀者若使用其他系統，仍然適用。

大盤走勢圖（圖十六）

包括加權股價指數與不含金融股指數，每五分鐘的走勢與成交量，以及累計成交總值。

從這種五分鐘的走勢圖中，可以根據其型態研判出極短線

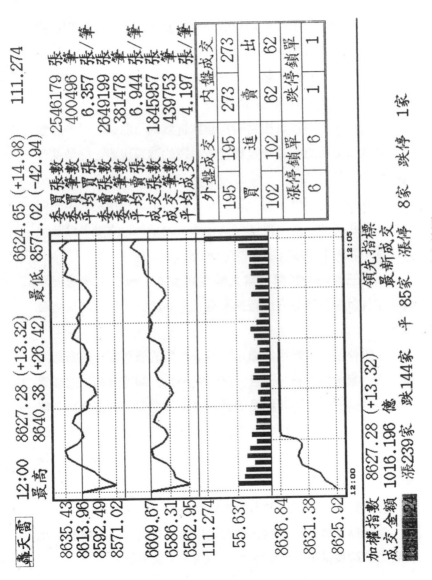

圖十六　大盤分時走勢圖

的後勢；不過，必須注意觀察成交量的變化，參考量價配合的狀況，才不會造成誤判。

此外，還有漲跌家數、內外盤成交家數、漲跌停板家數，以及買盤叫進與賣盤叫出的家數等。

從這些資訊可以看出當時買盤與賣盤的強弱狀況，若於盤中持續觀察更可隨時查覺買賣雙方力道的消長現象，提前進行買賣動作。

漲跌家數還提供了另一項訊息，就是可以利用系統中的即時技術分析功能，馬上獲知騰落指標（ADL）的位置，以及漲跌比率（ADR）與超買超賣線（OBOS）的數值。

以上三種技術指標，當大盤在高檔或低檔出現背離現象時，往往就是行情即將反轉的預兆，有助於研判指數的後勢發展。

漲跌停板的家數也能顯示出漲跌氣勢的強弱度。若指數大漲，漲停家數卻不多，而且大都不能鎖死，開開關關，這種氣勢虛弱的情況最好不要輕易搶進，以免殺尾盤而慘遭套牢；反之，若開出平高盤，漲幅雖不大，卻有一個族群馬上有不少個股漲停關門，並逐漸蔓延，漲停家數不斷增加，這時便應擇強介入，以免錯失行情。

在跌勢中也可以跌停家數來觀察盤力道的虛實。

至於櫃檯買賣中心的店頭市場指數，其五分鐘走勢圖以及買賣力道消長情況，判別的方式亦同。（**圖十七**）

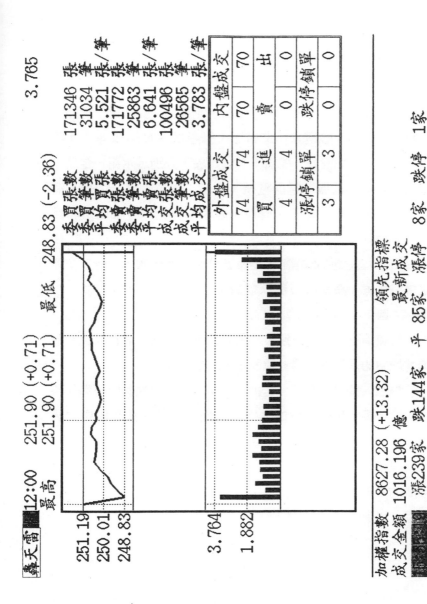

圖十七　櫃檯指數分時走勢圖

十九類股走勢圖

　　台灣股市的分類，以往只分為水泥窯業、食品業、塑膠化學類、紡織類、機電類、造紙類、營建類、金融類等八大類股。後來又再加細分，成為十九個類股，分別為水泥、食品、塑膠、紡織、電機、電器電纜、化工、玻璃陶瓷、造紙、鋼鐵、橡膠、汽車、電子、營建、運輸、觀光、金融保險、百貨、其他等。

　　這十九大類股的指數也是每五分鐘揭示一次，即時系統馬上會將數值、漲跌值與漲跌幅顯現出來，並且可以切換走勢圖。（圖十八、圖十九）

　　從這項資訊可以迅速發現類股輪動的方向，並且掌握到強勢類股中的領先股或弱勢類股中的超弱股。

　　轉強或轉弱的類股，若由類股中不具代表性的股票率先啟重，除非能引起龍頭股的共鳴，否則通常無法掀起磅礡的氣勢，這時最好再作觀察，不要輕舉妄動。

　　但是，如果由龍頭股票帶量上攻或下挫，往往會引發整個類股的連動而掀起滔天巨浪；這時就必須密切注意切入的適當時機，以進行多空的動作。

轟天雷

加權 +0.15% 8627.28 (+13.32) 1016.1億	水泥 +0.20% 84.02 (+ 0.17) 1.9億	食品 +1.85% 885.06 (+ 16.14) 66.8億	塑膠 +0.06% 98.59 (+ 0.06) 15.1億	紡纖 +0.67% 374.61 (+ 2.51) 59.4億
電機 +0.08% 115.79 (+ 0.10) 23.8億	電器 +0.23% 103.26 (+ 0.24) 20.2億	化工 -0.14% 105.36 (- 0.15) 29.2億	玻璃 -0.17% 74.53 (- 0.12) 5.6億	造紙 -0.17% 237.18 (- 0.41) 4.6億
鋼鐵 +0.47% 77.74 (+ 0.37) 31.2億	橡膠 +0.54% 132.20 (+ 0.72) 21.3億	汽車 -0.21% 173.63 (- 0.37) 9.2億	電子 -0.22% 284.30 (- 0.63) 526.5億	營建 +0.60% 499.47 (+ 2.98) 81.6億
運輸 +0.90% 82.92 (+ 0.74) 13.0億	觀光 +0.07% 104.02 (+ 0.08) 3.2億	金融 -0.05% 1451.87 (- 0.79) 55.4億	百貨 +0.13% 120.38 (+ 0.16) 13.3億	其他 +1.30% 150.28 (+ 1.93) 27.1億

加權指數　8627.28 (+13.32)
成交金額　1016.196 億
漲239家　跌144家　平 85家　派停 8家　跌停 1家
領先指標
最新成交

圖十八　十九類股漲跌幅一覽表

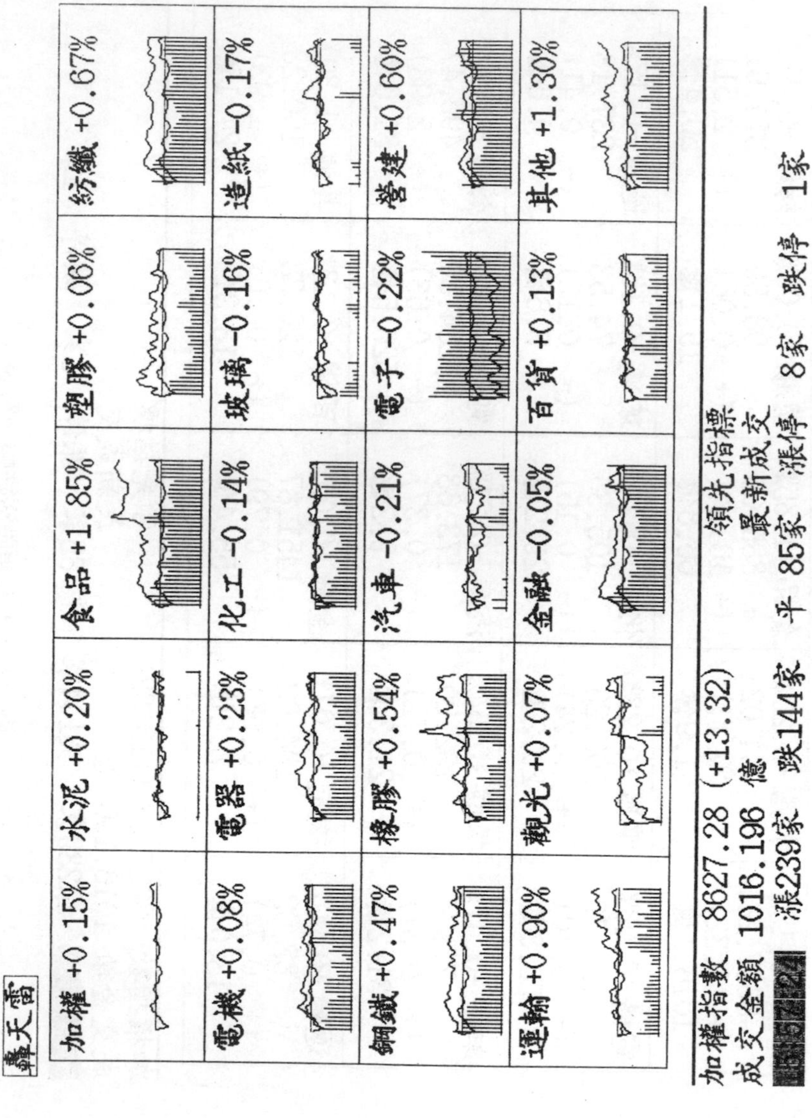

轟天雷

加權 +0.15%	水泥 +0.20%	食品 +1.85%	塑膠 +0.06%	紡纖 +0.67%
電機 +0.08%	電器 +0.23%	化工 −0.14%	玻璃 −0.16%	造紙 −0.17%
鋼鐵 +0.47%	橡膠 +0.54%	汽車 −0.21%	電子 −0.22%	營建 +0.60%
運輸 +0.90%	觀光 +0.07%	金融 −0.05%	百貨 +0.13%	其他 +1.30%

加權指數　8627.28　(+13.32)　　　領先指標
成交金額　1016.196　億　　　　　最新成交
漲239家　跌144家　平 85家　漲停 8家　跌停 1家

15:57:24

圖十九　十九大類股分時走勢圖

十九類股的成交量

　　股市行情的研判，量價關係是最重要的一環。

　　只觀察價的變化，很容易被強勁的氣勢所懾服而作出錯誤的判斷；但是若配合量能的消長，就能夠正確地窺清漲跌的虛實。

　　十九個類股每五分鐘的成交量，以及佔成交總值的比率；還有各類股累計的成交量與佔累計成交總值的比率；都會馬上顯示出來。（圖二十、圖二十一）

　　有量才有價，類股起漲之前，其成交量佔成交總值的比率通常會先提升；同理，當類股成交量佔成交總值的比率逐漸下降，往往也會造成股價走軟，因此，股市才有一句名言：「量比價先行」。

買進、賣出與成交的張數與筆數

　　台灣證券交易所的電腦，每五分鐘會統計一次，將這段時間內掛進、掛出與撮合成交的張數與筆數，再加上以上各種資訊的累計數值，分別列出來，供投資人參考。（圖二十二）

　　即時系統的功能還會將每一種的張數除以筆數，算出買進、賣出與成交的平均每筆張數，包括每五分鐘的數值以及累計的數值。

類股資金分佈（累計值）

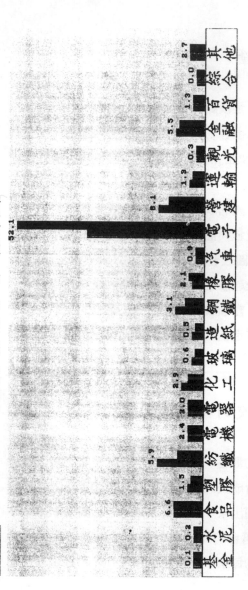

統計時間：12:00

	基金		
成交張數：	12314 張 (0.67%)		領先指標
成交金額：	1.492 億 (0.15%)		最新成交

總成交張數：	1830524 張		
總成交金額：	1011.007 億		

加權指數 8627.28 (+13.32)
成交金額 1016.196 億

漲239家　跌144家　平 85家　派停 8家　跌停 1家

圖二十 各類股累計資金分佈圖

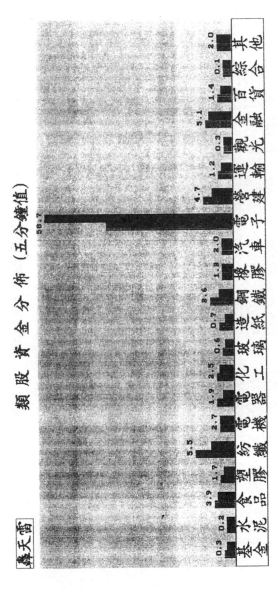

圖二十一　各類股五分鐘資金分佈圖

雷天大壯

時間	加權指數	成交金額	買賣筆數	買賣張數	買賣均張	買賣比	成交	均張
11:00	8615.42	621.116	7564	38380	5.07	1.11	8174	
	+1.46	19.256	6760	32599	4.82	1.17	30694	3.75
11:05	8618.26	636.120	6262	31438	5.02	1.04	7388	
	+4.30	15.004	5981	32307	5.40	0.97	27760	3.75
11:10	8612.37	650.577	5602	24360	4.34	0.96	6905	
	-1.59	14.457	5807	30411	5.23	0.80	26579	3.84
11:15	8604.57	665.304	5542	26315	4.74	0.81	6803	
	-9.39	14.727	6822	38191	5.59	0.68	26739	3.93
11:20	8599.73	693.373	5792	27447	4.73	0.66	12590	
	-14.23	28.069	8655	50717	5.85	0.54	51170	4.06
11:25	8604.57	713.746	6298	37127	5.89	0.91	10121	
	-9.39	20.373	6886	41454	6.02	0.89	41632	4.11
11:30	8612.08	730.585	7899	48119	6.09	1.40	7775	
	-1.88	16.839	5619	30739	5.47	1.56	36129	4.64
11:35	8633.87	758.570	11769	66233	5.62	2.15	12142	
	+19.91	27.985	5454	24077	4.41	2.75	52131	4.29

加權指數　8627.28　(+13.32)　　　領先指標

成交金額　1016.196　億　　　　　最新成交

漲239家　跌144家　平 85家　漲停 8家　跌停 1家

圖二十二　集中市場五分鐘買賣資訊揭示表

　　櫃檯買賣中心也會將店頭市場的買賣資訊，進行類似的統計工作，一樣是每五分鐘揭示一次。（圖二十三）

　　從上列各種資訊中，提供給投資人觀察的方向大約有以下數項：

　　㈠一般投資人習慣於將賣單掛在高檔等著賣，一大早便在低檔掛進買單者較少，因此賣出張數與買進張數的比率約1.1：1屬於雙方平衡狀態，比率超過時表示賣盤強，比率不足時表示買方力道較大。

　　㈡主力的資金雄厚，每天進出的數量也大，因此每筆掛進掛出的數量都比較多，可能是一、二百張，甚至是最高限量499張；至於散戶的單子，每筆大都低於20張，甚至只有1、2張而已。因此，從平均每筆買張與平均每筆賣張的情況，大致可以發覺主力大戶究竟站在買方還是賣方？

　　㈢成交撮合的原則是以價格為優先，當一筆大買單敲進時可能消化掉數十張小賣單，並造成數十筆成交；同樣的，若有一筆大賣單以市價殺出，可能會消化掉數十筆買單，並造成同樣筆數的成交；因此，從買進、賣出與成交筆數的比較，可以發覺多空較勁的真相。

　　1.買進＞賣出＞成交，或賣出＞買進＞成交，這種情況表示是散戶盤，主力介入不深，指數通常只是小紅小黑，缺乏震盪起伏。若成交筆數很小，表示賣單高掛、買單又只想低接，雙方交集不大；這時切忌追高殺低，最好

轟天雷

時間	加權指數	成交金額	買賣筆數	買賣張數	買賣均張	買賣比	成交	均張
10:20	250.30	19.244	526	1958	3.72	1.39	484	
	-0.89	0.593	377	1727	4.58	1.13	1470	3.03
10:25	250.43	20.240	587	2303	3.92	2.01	550	
	-0.76	0.996	291	1753	6.02	1.31	2179	3.96
10:30	250.45	21.173	559	5357	9.58	1.52	444	
	-0.74	0.933	366	3897	10.64	1.37	3606	8.12
10:35	250.25	21.905	502	3529	7.02	1.41	557	
	-0.94	0.732	354	1462	4.12	2.41	2222	3.98
10:40	250.39	22.415	582	2406	4.13	1.54	443	
	-0.80	0.510	376	1559	4.14	1.54	1323	2.98
10:45	250.56	23.062	605	2589	4.27	1.58	584	
	-0.63	0.647	381	1889	4.95	1.37	1763	3.01
10:50	250.72	23.913	556	1998	3.59	1.70	640	
	-0.47	0.851	326	1787	5.48	1.11	2018	3.15
10:55	250.70	24.421	567	2072	3.65	2.04	413	
	-0.49	0.508	277	1622	5.85	1.27	1304	3.15

加權指數　8627.28　(+13.32)　　　領先指標
成交金額　1016.196　億　　　　　最新成交
10:02:32　漲239家　跌144家　平85家　派停　8家　跌停　1家

圖二十三　店頭市場五分鐘買賣資訊揭示表

是採取觀望的態度。

2.買進 > 成交 > 賣出，這種情況表示賣出者有不少是大單子，每一張往往可以消化好幾張買進的小單子；因此很可能是主力出貨盤，後勢看壞，必須小心應對。

3.賣出 > 成交 > 買進，這種情況表示有不少大買單，每一張都可以吃掉好幾張小賣單；因此通常屬於主力進貨盤，後勢看好。如果出現在利空襲擊之下，顯然主力正在奮力抵擋散戶傾巢而出的賣壓，雖然尚未上漲，但是尾盤可能急拉，因此應該逢低買進。

4.成交 > 買進 > 賣出，這種情況表示多空戰況慘烈，主力、實戶、散戶都加入了戰局，最後的結果是漲跌互見。多方在強勢上佔了上風，空方也在弱勢股上頗有斬獲；不過，大體而言，空方略勝，故指數可能收小黑。此時應該汰弱留強。

5.成交 > 賣出 > 買進，這種情況與第4項類似，只不過多方稍勝，指數可能小紅，應對方法也一樣。

　有關筆數的觀察分析，當然是越接近收盤時間越準確，不過其實用性也越低。因此，從十點三十分開始便應根據之前的變化趨勢先預估最後的情況，才能提前進行適當的買賣動作。

　㈣有時候主力會製造假象來混淆投資人的判斷，以掩護其進行出貨或吃貨的動作。

　常見的方式是在開盤之前，便選擇一些大型績優股、基金

或近日的超弱與超強股，以漲停板賣出或以跌停板買進，輸入一些不太可能成交的大筆買單或賣單，每一筆都是499張，便可以扭曲原有的買賣均勢而造成一面倒的假象，並且讓平均每筆買張與平均每筆賣張出現極大的落差，影響投資人的判斷。

這種作假的現象，以開盤之初的可能性最高，因此最好不要一大早馬上作出判斷與決定，以上各種研判的方法均以十點鐘以後較具參考價值。

㈤一般的投資人大都只注意到累計的買賣總張數，以及平均每筆張數究竟誰大？較細心的人還會再關心一下過去五分鐘的情況。其實，最重要的是必須詳細觀察每五分鐘買賣雙方力道的消長，儘快尋找出變化的趨勢。若發現買盤越來越強，便應站在多方；反之則應站在空方。

江波分析圖

所謂江波分析圖，就是前一節最後所提到，應該儘快找出買賣力道變化趨勢的觀念，為了達到這個目標，特地將買進、賣出與成交的平均每筆張數圖形化，以利觀察。

江波分析圖上有三條不同顏色的線，平均每筆買進張數一般為紅線、平均每筆賣出張數為藍線、平均每筆成交張數則為灰色線。其數值均為每五分鐘分別計算所得。

從紅線與藍線的走勢可以明顯看出買賣盤的強弱變化，尤其是當兩條線出現交叉之後，若未在十五分鐘之內反交叉回

來，可能就是買賣盤確實逆轉的訊號。

　　平均每筆成交張數大約以4.35張為基準點，低於4.2張為散戶盤，指數漲跌幅度不大；高於4.5張為主力盤，指數震盪起伏較大。

　　圖二十四為集中交易市場江波分析圖；圖二十五則為店頭市場江波分析圖。

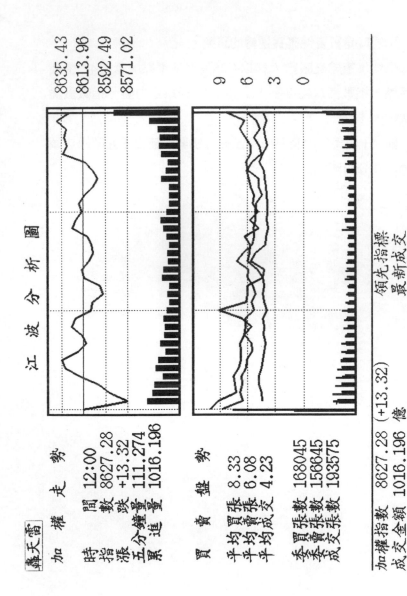

圖二十四 集中市場江波分析圖

轟天雷

加權走勢

時間 12:00
指數 8627.28
漲跌 +13.32
五分鐘量 111.274
累進聖量 1016.196

買賣盤勢

平均買張 8.33
平均賣張 6.08
平均成交 4.23

委買張數 168045
委賣張數 156645
成交張數 193575

領先指標
最新成交

加權指數 8627.28 (+13.32)
成交金額 1016.196 億
　　漲239家 平 85家 跌144家

派239家 平 85家 漲停 8家 跌停 1家

江波分析圖

8635.43
8613.96
8592.49
8571.02

9
6
3
0

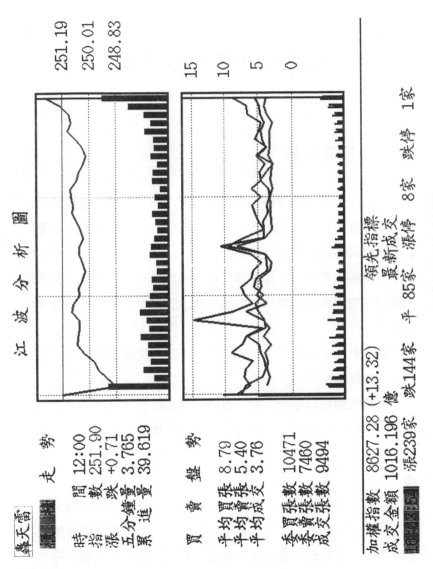

図二十五 店頭市場江波分析圖

第八章　如何使用各種報價系統

自選股報價系統

　　單機操作系統最方便之處，便是可以自行選定一些股票，集中在幾個畫面中，隨時都可以看到它們的價量變化，才不至於錯失關鍵的個股與時機。

　　自選股的內容，在第四章之中已經詳細說明，應該包含主流類股、主要產業代表股、當紅的概念股以及面臨轉折的股票等。

　　圖二十六是假設於八十七年四月一日，共選擇四十二檔股票作為觀盤重點：

　　當時大盤陷於整理，但「台肥」這檔股票上市以來連續七天跳空漲停，強勁的蜜月期帶動一波資產類股的漲勢，一躍成為主流。入選的資產類股尚包括厚生、台鳳、農林、中化、新紡、中石化、泰豐、六福、味全等。

　　前主流電子類股雖然暫時偃旗息鼓，但是成交量仍佔大盤成交總值四成左右，不排除重掌兵符機會，故亦列為重要的觀察目標。包括華碩、台積電、神達、華通、日月光、聯電等。

　　至於台泥、一銀、華紙、太電、遠紡、台塑、國壽、中

股名	買進	賣出	成交	漲跌	總量	現量
台肥	6850	6900	6850	-050	60656	304
台塑	5900	5950	5950	+200	67400	3363
台鳳	1810	1820	1810	-600	8586	363
台農	8900	8950	8900	-250	27123	96
中化	5850	5900	5880	-100	3850	86
新紡	5850	5900		-400	17870	469
中石化					44155	1128
台泥	3550	3550	3550	-060	6478	4
台玻	3760	3760	3760	-010	7110	97
華銀	3400	3410	3400	-050	6915	49
台紙	8200	8250	8250	-030	7833	369
國塑	1950	1960	1950	-050	3988	6
台壽	6100	6150	6100	+200	1093	3
華電	7480	7480	7480	-200	3265	136
國電	1360	1365	1360	-100	18512	39
台積電	1610	1620	1610	-010	11926	700
大眾	3560	3560	3560	-090	5234	118
遠紡	3520	3530	3510	+200	30542	336
神達	7050	7050	7050	+400	6604	157
華通	3010	3010	3010	-100	11384	30
日月光	1810	1820	1810		8161	264
中工	3000	3010	3000			

股名	買進	賣出	成交	漲跌	總量	現量
正新	5500	5550	5500		23450	3
中華	5900		5900	-200	2339	73
建寶	1770	1780	1770	+400	10146	152
大成	3360	3370	3370	-030	3700	9
日盛同	7000	7050	7000	-250	2733	16
豐泰		1100	1100	-500	14293	765
元福	1015	1020	1015	-200	3230	2
六大券	7600	7650	7600	-100	2328	5
福聯	7750	7800	7600		15092	99
華榮	7750	7800	7750	-100	6513	484
國達	8100	8150	8150		235	1
永高	4860	4870	4870	-020	2838	10
台新	2500	2510	2500	-030	1204	10
力銀		3010	3010	+060	9465	439
麗飛	6150	6200	6150	+250	5946	145
亞		4200	4200	+250	6919	20
中美	8200	8250	8250		4990	105
永信	7750	7800	7750	-150	690	2
長益	4050	4060	4060	+140	9647	112
味全		3740	3740	-010	4404	19
全	7150	7200	7100		4063	1

10:42:57

加權指數　9041.50　(-49.66)

成交金額　1363.195 億

漲157家　跌247家　平71家

《業績快報－金融》華信銀行第一季稅前盈餘為4.8億元

領先指標

最新成交

漲停 5家　跌停 2家

圖二十六　自選股報價系統圖例

工、大同、中華、長榮、味全則為資產與電子之外各產業的代表性股票。

　　當紅的概念股，包括高權值的華碩、日月光、華建、國揚、達永；大哥大概念的太電、遠紡；原料股的台苯、華紙、力麗；中國概念的華通、正新、寶成、川飛、信益、味全；董監改選的味全、達永、力麗、中化、永信、美亞、高企等；上櫃股票則包含日盛證、元大證、台新銀等。

　　您也可以選擇更多的股票，然後設定自動翻頁功能，例如：每十五秒翻頁一次。這樣便可以列出八十四檔股票來觀察，而且十五秒就翻頁，漏失重要資訊的機率不高。

　　在看盤的過程中，若發現某一類股票同步出現上漲或下跌時，便可將畫面轉向該類股票，詳細觀察其後續變化，以尋求進行買賣動作的機會。

　　例如：八十七年四月一日這一天，連漲數日的資產股，指標「台肥」爆出大量而結束蜜月期，開出漲停的厚生也無法鎖住，顯然有結束第一波漲勢的跡象，最後果然帶動大部分資產股的大幅回檔，短線漲多的新紡甚至被殺到跌停。

自選股的報價項目（圖二十七）

　　1.買進價：買方最高出價。
　　2.賣出價：賣方最低出價。

股票名稱	買進	賣出	成交	漲跌	總量	現量	開盤	最高	最低	買賣氣	量增率	外盤	內盤
台肥	6850	6900	6850	-050	60656	304	■	■	6650	247	92463%	43221	17435
厚生	5900	5950	5950	+200	67400	3363	1870	1880	5850	181	43149%	43471	23929
台鳳	1810	1820	1810	-600	8586	363	1870	1880	1810	048	5911%	2796	5790
台農林	8900	8950	8900	-250	27123	96	9200	9250	8850	057	6678%	9955	17168
中化	5850	5900	5850	-100	3850	86	5950	5950	5800	060	4807%	1449	2401
新紡			■	-400	17870	469	6100	6100	■	050	6202%	5964	11906
中石化	3550	3550	3550		44155	1128	3600	3680	3550	067	11148%	17850	26305
中泥	3750	3760	3760	-060	6478	4	3860	3880	3750	057	4722%	2353	4125
台玻	3400	3410	3400	-010	7110	97	3450	3460	3380	096	10206%	3494	3616
台紙	8200	8250	8250	-050	6915	49	8350	8350	8200	011	13264%	708	6207
一銀	1950	1900	1950	-030	7833	369	2020	2020	1950	046	3394%	2473	5360
華紙	6100	6150	6100	-050	3988	6	6150	6200	6050	037	11332%	1088	2900
台塑		7480	7480	+200	1093	3	7540	7550	7450	085	5820%	504	589
華碩	1360	1365	1360	-200	3265	136	1385	1390	1360	016	16292%	462	2803
國壽	1610	1620	1610	-100	18512	39	1640	1640	1610	068	10209%	7508	11004
台電	3560		3560	-010	11926	700	3600	3600	3500	046	7758%	3797	8129
大紡	3520	3530	3510	-090	5234	118	3600	3610	3510	044	4379%	1601	3633
遠達	7050		7050	+200	30542	336	6950	7050	6900	140	17921%	17861	12681
神通	3010	3010	3010	+400	6604	157	3000	3060	2980	080	7688%	2944	3660
日月光	1810	1820	1810	-100	11384	30	1840	1850	1810	045	14857%	3557	7837
中工	3000	3010	3000		8161	264	3010	3040	3000	070	11551%	3388	4779

加權指數　9041.50 (-49.66)
成交金額　1363.195 億　漲157家　跌247家

183　10:42:57　《業績快報-金融》　華信銀行第一季稅前盈
領先指標
最新成交
平71家　漲停 5家　跌停 2家

圖二十七　自選股報價項目圖例

3.成交價：雙方同意，經電腦撮合最近一筆成交的價格。

4.漲跌值：成交價與前一交易日收盤價或除權參考價之差額。

5.總量：今天累計成交張數。

6.現量：當筆成交的張數。

7.開盤價：今天第一筆成交價。

8.最高價：今天最高成交價。

9.最低價：今天最低成交價。

10.內盤：以買進價成交，或只有賣盤掛出而無買盤顯示時之成交，其現量以藍色顯示。

11.外盤：以賣出價成交，或只有買盤掛進而無賣盤顯示時之成交，其現量以紅色顯示。

12.買賣氣：外盤與內盤之比值。

13.量增率：總量與前一交易日總成交量之比值。

14.振幅：本日最高價與最低價之比值。

15.漲幅：漲跌值與前一交易日收盤價之比值。

其中有關內、外盤之區分十分值得注意。以圖二十七爲例，「台肥」買方出價68.5元，賣方出價69元，若雙方繼續堅持則無法成交，一定要有人先放棄立場才能撮合成交。

若賣方看壞後勢，急於拋售，願意牽就買方的低價而以68.5元內盤成交，此筆交易當然可解釋爲「空方力道較強」；反之，如果買方看好後勢，深怕買不到股票，願意以賣方的高

價追搶，而以69元外盤成交，這筆買賣便意味了「多方力道較強」。

　　另外，在圖二十七中，「華碩」只有賣盤而無買盤，這種一路掛出是空方力道最強的情況，所有成交雖是賣出價，但仍歸為內盤；同理，「神達」只有買盤而無賣盤，顯示了多方強勁的氣勢，所有成交當然均為外盤。

　　內、外盤所代表的多空力道，現量若不多，意義並不重大；但是如果伴隨高量，甚至出現連續大單叫進或殺出，就不可等閒視之，必須密切觀察後續的發展。

各種價量表現的排行榜

　　電腦迅速而優異的計算能力，使股市即時行情系統發揮了更實用的功能，對各種價格與成交量的表現加以排行，即時呈現出來，幫助投資人進行研判。

漲幅排行榜與跌幅排行榜（圖二十八）

　　觀察這兩項排行榜的目的，是分別尋求其共通性而確定強勢族群與弱勢族群何在？

　　如在圖二十八的漲幅排行榜中，可以發現強勢族群為：

　　1.長纖布，包括得力、強盛、大宇、台富、宏和等均屬之。

[左] 漲幅排行榜

漲幅	買進	賣出	成交	漲跌	總量	現量
力強					15230	79
盛麗	4180			+280	14445	476
正字	420			+270	5619	8
大一		3180	3200	+270	7829	12
第一信				+200	400	1
大西洋			3200	+350	560	1
美		4200	4200	+250	6919	20
普台		5050	5050	+260	4930	10
台華		3170	3170	+100	3170	28
大富			3060	+150	10892	303
中橡		3700	3700	+100	8238	382
聯成食		5800	5850	+250	16489	7
統實		2360	2360	+100	1965	1
川飛	6150	6200		+250	23	
亞化	3200	3220		+130	5946	145
興達	1490	1500	1490	+060	10565	10
中紳	3980	4000	4000	+180	15480	5
玄和	1990	2000	2000	+080	4646	46
美利達		3010	3010	+120	5947	290
中國金	1060	1065	1065	+040	9586	29
志信		3220	3220	+120	23929	463
					1655	14

[右] 跌幅排行榜　《業績快報－金融》

跌幅	買進	賣出	成交	漲跌	總量	現量
東陽				-310	17346	1
新紡			5450	-400	17870	469
南亞	5550	5600	5550	-350	10	4
尖美內	5550		5550	-350	10254	25
寶祥特	4520		4450	-230	21	1
尖美甲	4600	4610	4610	-230	223	2
台紙		2170	2170	-100	23779	664
奏豐	1100	1100	1100	-500	14293	765
士紙			1100	-500	3397	21
國寄特	2860		2860	-120	216	1
歌林	2460		2460	-100	19896	170
勤益	5350		5350	-200	15416	230
像電	2320	2330	2330	-800	3117	4
金開目	2930	2940	2930	-100	3829	14
高建	5900		5900	-200	2339	73
華邦		3860	3860	-130	5791	18
英群	2420		2420	-080	379	
力麗特	1810	1820	1810	-600	8586	363
台鳳	6150	6200	6150	-200	18541	81
士電	6150	6150	6150	-200	4050	16
宏盛	6250	6300	6250	-200	57465	1528
華信銀行						

183　10:42:57

8億元

	領先指標	
加權指數	9041.50	(-49.66)
成交金額	1363.195	億
漲157家	跌247家	平 71家
	最新成交	
	漲停 5家	跌停 2家

圖二十八　[左]漲幅排行榜　[右]跌幅排行榜

2.中國概念，包括美亞、大華、統實特、川飛、亞化、興達、中釉、美利達、中國金均屬之。

同時，從跌幅排行榜的觀察中，也十分明確地指出了弱勢族群：

1.資產股，包括東陽、新紡、台紙、泰豐、士紙、歌林、勤益、高興昌、士電均屬之。
2.中高價營建股，包括尖美、寶祥特、尖美甲、華建、宏盛均屬之。

買賣氣排行榜（圖二十九）

買賣氣是外盤與內盤的比值。

上一節已經詳細闡述了外盤與內盤分別代表多空雙方力道的強度；因此，「買賣氣」的高低應該也可以用來作爲買盤力道的強弱指標。

圖二十九是八十七年四月一日收盤時的買賣氣排行榜，共計二十一檔股票，若扣除成交量不足100張的冷門股（量太小容易失眞），剩下十六檔，分別爲上漲十家（含漲停二家）、下跌一家、平盤五家。

若與最下一列，整體集中交易市場的情況，計上漲一百五十七家（含五家漲停）、下跌二百四十七家（含二家跌停）、平盤七十一家比較，顯然表現十分優異。

事實上，唯一下跌的「櫻花」，不但排行較後，而且其量

買賣氣	買進	賣出	成交	漲跌	總量	現量	開盤	最高	最低	買賣盤	量增率	外盤	內盤
第一信				+150	400	1				4344	45977%	391	9
大西洋	1455	1460	1460	+350	560	1	5700		5700	3194	14814%	543	17
怡富	8350	8400	1460	+010	23	10	1460	1460	1460	2200	2473%	22	1
中華乙	7500	7550	8350	-050	5047	15	8450	8450	8300	1014	20375%	4594	453
長谷		9620	7550	+020	33	1	7600	7600	7550	1000	9705%	30	3
金鼎概	1035	1040	9620		7	1	9610	9620	9610	600	1489%	6	1
統一超		1015	1035	+300	633	5	1030	1045	1025	552	23799%	536	97
宏和	1990	2000	1015	+080	1277	8	9900	1020	9900	417	72558%	1030	247
金緯	4280	4290	2000	+040	5947	290	1930	2000	1910	395	20788%	4748	1199
大陸	4730		4290	+090	6233	103	4280	4290	4200	382	14784%	4940	1293
台芳		5650	4730		5780	415	4630	4730	4610	378	25075%	4572	1208
友訊乙	7500	5650	5650		1928	10	5700	5700	5650	355	4354%	1505	423
櫻花建	7100	7150	7500	+015	13	4	7450	7500	7450	333	108333%	10	3
永昌	975	980	7100	-010	4533	23	7100	7300	7100	325	17088%	3467	1066
元富金	1810	1820	980	+140	11128	73	970	990	970	319	12015%	8477	2651
東隆	4190		1820		33	1	1830	1830	1810	312	6346%	25	8
民紡	6650	6700	4190	+200	5385	448	4080	4190	4050	307	23774%	4062	1323
統領	7150	7200	6700	+100	1448	30	6500	6700	6350	302	13173%	1088	360
櫻花	9050	9100	7150	-250	322	1	7050	7200	7050	292	14375%	240	82
欣欣	9050	9100	9050		5175	77	9400	9500	9000	283	6419%	3824	1351
		1115	1115		857	43	1115	1125	1090	277	6201%	630	227

加權指數 9041.50 (-49.66)
成交金額 1363.195 億
韋信銀行第一季稅前盈餘為4.8億元

領先指標
最新成交
派157家 跌247家 平71家 派停 5家 跌停 2家

183　10:42:57

圖二十九　買賣氣排行榜

增率僅64.19%，表示當天成交量較前一交易日萎縮三分之一，似乎也是表現不佳的原因之一。

因此，買賣氣強，成交量也明顯增加的股票，是多方值得注意的目標。

成交量排行榜與成交金額排行榜

成交量大、成交金額高的股票，就是人氣匯聚的目標，也就是一般所謂的「熱門股」；反之，乏人問津、成交冷清的股票便成為「冷門股」了。

基於「有量才有價」的原則，熱門股在投資人搶進殺出之際，上下震盪的幅度一定會加大；再加上主力、業內、實戶等穿梭其間，上沖下洗，忽高忽低的局面經常可見，是短線操作者獲利的天堂。

至於備受冷落的無量股票，表示沒有主力介入，價差也有限，當然不宜貿然將寶貴的資金投入。

量增率排行榜（圖三十）

成交量排行榜是以絕對數量為準，與股本的關聯性很大，因此每天大都是那些熟面孔輪流出現；成交金額排行榜則又加上價位高低的因素，範圍更窄，大部分的股票即使當天週轉率超過15%都還擠不進去。

量增率是當天總成交量與前一交易日的比值，強調的是相對的觀念，所有股票的立足點完全一樣，只要成交量不少於

《業績快報－金融》　華信◯　　1722

量增率	買進	賣出	成交	漲跌	總量	現量	開盤	最高	最低	買賣	買氣	量增率	外盤	內盤
台肥	6850	6900	6850	-050	60656	304	■	3070	6650	247		92463%	43221	17435
大華	3060	3060	3060	+150	8238	303	2940	1510	2930	211		14870%	5592	2646
大電一	1499	1500	1500		24	1	1510		1500	060		12000%	9	15
大信	4050	4060	4060	+140	9647	112	3950	4110	3950	147		80931%	5750	3897
統益		1015	1015	+300	1277	8	9900	1020	9900	417		72556%	1030	247
統招	4020	4020	4020	-030	9781	18	4050	4190	4020	238		65250%	6892	2889
立樂	9700	9700	9700		90	50	9700	9700	9700	005		64285%	5	85
陽明一	1440	1445	1440	+005	5585	93	1440	1455	1440	179		62894%	3584	2001
富邦		3170	3170	+040	21797	127	3140	3250	3110	192		59799%	14341	7456
富像		2360	2360	+100	23	1	2280	2400	2280	155		57500%	14	9
台像特	3980	4000	4000	+160	4646	46	3900	4040	3900	146		57146%	2764	1882
統實特		4000	4000	+150	400	1	■	■	■	4344		45977%	391	9
中紬					18	5				080		45000%	8	10
中信一		1150	1150	+010	18	5	1150	1150	1150	171		44811%	3671	2141
國揚	2160	2160	2160	+070	5812	286	2110	2180	2100	120		44689%	5243	4343
春池	3010	3010	3010	+120	9586	29	2920	3080	2920	181		43149%	43471	23929
美利達	5900	5950	5950	+200	67400	3363	■	■	5850	211		41643%	5312	2517
厚生	3180	3200	3200	+200	7829	12	3000	3200	2980	130		41575%	7402	5661
大字	3060	3060	3060	-060	13063	14	3120	3160	3050	098		41451%	13360	13538
聯發	1055	1050	1050	-250	26898	72	1095	1120	1050	118		38071%	1841	1555
補梓電		3220	3220	+050	3396	6	3190	3290	3190	256		37905%	11860	4629
莱瑞	3690	3700	3700	+160	16489	382	3630	■	3610					

183 10:42:57　領先指標　最新成交　平 71家　漲停 5家　跌停 2家

為4.8億元

加權指數　9041.50 （-49.66）
成交金額　1363.195 億
漲157家　跌247家　平 71家

圖三十　量增率排行榜

100張，都具有較大的參考價值。

那麼，量增率高的股票，是否上漲的機率也大？同樣的，用八十七年四月一日的量增率排行榜（圖三十）來檢視一下。

二十一檔股票，扣除小量股票四檔，剩下的十七檔，計上漲十三家（含漲停一家）、下跌四家，表現確實比整體集中交易市場優異。

其實，四家下跌的股票，盤中也都有高點，只是因為盤勢不佳，使它們開高走低而已。何況，其跌幅都不大，並未超過2.5%。

振幅排行榜（圖三十一）

振幅是當天最高價與最低價的比值。

振幅若高於107%，表示當天的高低價差超過一根停板。如果收盤是最高價或次高價，當天的走勢可能是開低走高；如果收盤是最低價或次低價，當天的走勢可能是開高走低。

因此，在振幅排行榜中，最可能發現反轉的個股。尤其是伴隨著近期最大量，又以最高價或最低價收盤的股票。

個股報價系統

從自選股報價畫面上，看到個股的報價情形只有最後一筆，而且稍縱即逝；除非有超強的記憶力，又專注於某檔股票，一般人對於它之前的交易狀況只具有模糊的印象；若據之

振幅	買進	賣出	成交	漲跌	現量	總量	開盤	最高	最低	買氣	量增率	外盤	內盤
						10						0	10
台肥	6850	6900	5450	-350	4	60656	6050	6050	6650	247	9246%	43221	17435
勤益	5350		6850	-050	304	15416	5700	5800	5350	105	2354%	7931	7485
美亞		4200	5350	-200	230	6919	3990	4200	3890	089	10064%	3265	3654
尚鋒	5000		4200	+250	20	147	5350	5400	5000	030	6901%	34	113
金電	2320	2330	5100	-150	10	3117	2430	2440	2260	045	36244%	978	2139
得像		2330	2330	-800	4	15230	4080	4030	4030	246	35902%	10834	4396
大宇	3180		3200	+280	79	7829	3000	3200	2980	211	41643%	5312	2517
陸盛	4180			+200	12	14445	3920		3920	207	33593%	9754	4691
東陽				+270	476	17346	4570	4570	4730	061	16062%	6632	10714
普大	5000	5050	5050	-310	1	4930	4800	5050	2810	245	12621%	3504	1426
碧悠	2810	2810	2810	+260	10	54933	2940	3000		121	26590%	30138	24795
新紡				-070	223	17870	6100	6100		050	6202%	5964	11906
楠梓電	1055	1060	1050	-400	469	26898	1095	1120	1050	098	41451%	13360	13538
尖美甲	4600	4610	4610	-250	72	223	4850	4850	4540	025	8991%	45	178
工礦	7950	8000	7950	-230	2	8696	8100	8300	7800	085	12969%	4004	4692
寶富特	4520	4450	4450	-230	30	21	4700	4700	4410	040	1858%	6	15
台富	3160	3170	3170	+160	1	10892	3050	3200	3020	140	16976%	6355	4537
尖美	5550	5600	5550	-350	28	10254	5900	5900	5550	038	12748%	2864	7390
川飛	6150	6200	6150	+250	25	5946	5900	6250	5900	135	17155%	3418	2528
國揚乙	6800	6850	6850	-050	145	51	7050	7250	6850	006	28333%	3	48

圖三十一 振幅排行榜

57 《業績快報－金融》《華信銀行第一季稅前盈餘為4.8億元》

加權指數 9041.50 (-49.66)　　　　領先指標

成交金額 1363.195 億　　　　最新成交

派157家　跌247家　平71家　漲停 5家　跌停 2家

22:38:08　　　1303

決定買賣策略，實在稍嫌草率。

　　幸好電腦已經將今天所有的交易狀況忠實地記錄下來，隨時可以完整地重現在您眼前。（圖三十二、圖三十三）

　　從九點開盤，一直到目前為止，每一筆交易記錄，當時的買、賣盤叫價、成交的價格與張數，無一疏漏。投資人可以從整個過程中分析買賣力道的消長；尤其是大筆交易量出現時，往往就是主力大戶方向的指標。

　　例如，力麗於八十七年四月二日的分時價量明細表中，九點三十分左右發動一波漲勢，百張以上的大單子不斷出現，可惜最大的兩張單子，九點三十二分557張，九點三十三分359張，都是內盤成交的賣單，似乎主力大戶並非站在多方。這時候，就算沒有作空的念頭，最起碼也絕不宜買進了。

　　最後十八分鐘攻勢再起，大單又陸續進場；非常不幸的是，十一點四十六分關鍵性的賣單果然出現，一筆533張的殺盤終於確定了收在最低點的結果。

　　這三筆重要的交易，全部都是在買方叫價30.5元，賣方叫價30.6元的情況下，以內盤30.5元成交，而最後的收盤價為29.8元。因此，這個價位至少在短期內，將成為上檔重大的壓力，縱使短線突破也不易站穩。

　　為了讓投資人更方便地觀察整個量價的變化情況，系統將上列報價記錄圖表化，成為個股走勢圖。（圖三十四）

　　個股的分時走勢圖，一般仍可以 K 線圖技術分析的理論來解釋，尤其是價量配合情況，更攸關後勢的漲跌。

轟天雷　力麗　分時價量明細表

時間	買進	賣出	價	量
09:29:49	3030	3040	3040	37
09:29:49	3040	3050	3040	119
09:29:54	3040	3050	3050	10
09:30:44	3040	3050	3050	31
09:30:44	3040	3050	3050	94
09:30:50	3040	3050	3050	7
09:32:02	3040	3050	3050	34
09:32:02	3050	3060	3050	557
09:32:07	3050	3060	3050	6
09:32:59	3050	3060	3060	27
09:32:59	3050	3060	3060	211
09:33:05	3050	3060	3060	10
09:33:57	3050	3060	3050	52
09:33:57	3050	3060	3050	359
09:34:03	3050	3060	3050	6

時間	買進	賣出	價	量
09:35:05	3040	3050	3050	16
09:35:05	3040	3050	3050	176
09:35:10	3040	3050	3040	5
09:36:02	3040	3050	3040	22
09:36:02	3040	3050	3040	62
09:36:07	3040	3050	3050	10
09:36:58	3040	3050	3040	29
09:36:58	3040	3050	3040	27
09:37:03	3040	3050	3040	10
09:38:00	3040	3050	3040	27
09:38:00	3030	3040	3040	21
09:38:05	3030	3040	3030	12
09:39:07	3030	3040	3040	18
09:39:07	3030	3040	3040	21
09:39:12	3030	3040	3030	3

加權指數　9013.10　(-28.40)　　　領先指標
成交金額　1223.377 億　　　　　　最新成交
　　漲181家　跌214家　平79家　　漲停 11家　跌停 1家

圖三十二　力麗分時價量明細表 (9:29~9:39)

轟天雷 力麗 分時價量明細表

時間	買進	賣出	價	量	時間	買進	賣出	價	量
11:42:20	3010	3020	3020	2	11:48:28		3030	3010	48
11:43:32	3010	3020	3020	19	11:48:28	3010	3030	3010	219
11:43:32	3020		3020	234	11:49:30	3010	3030	3020	24
11:43:37	3020		3040	45	11:49:30	3020	3030	3020	8
11:43:37	3020	3040	3040	421	11:49:35	3020	3030	3030	5
11:44:50	3020	3040	3040	64	11:50:52	3020	3040	3030	10
11:44:50	3040	3040	3040	328	11:50:57	3020	3030	3030	5
11:44:55	3040		3050	25	11:52:15	3020	3030	3020	30
11:44:55	3030	3050	3050	206	11:52:15		3020	3020	8
11:46:03	3030	3050	3050	31	11:52:20		3020	3010	37
11:46:03	3050	3060	3050	533	11:52:20	3010	3030	3010	23
11:46:09	3050	3060	3050	24	11:53:49	3010	3030	3010	25
11:47:26	3050	3060	3050	37	11:53:49	3010	3020	3020	42
11:47:26		3050	3050	116	11:53:54	3010	3020	3010	5
11:47:31		3050	3030	240	11:55:23	3010	3020	3010	20

加權指數 9013.10 (-28.40) 　　領先指標
成交金額 1223.377 億 　　最新成交
漲181家 跌214家 平79家 漲停 11家 跌停 1家

144

圖三十三 力麗分時價量明細表 (11:42~11:55)

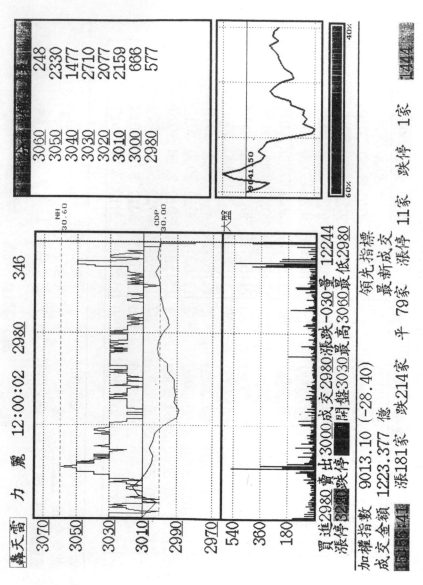

圖三十四 力麗分時走勢圖

　　例如，圖三十四力麗的分時走勢圖，明顯呈現 M 頭，而且右邊的量小於左邊的量，故造成尾盤的帶量下殺。

　　在分時走勢圖的旁邊，還有分價量表，今天有成交的各檔價位，至目前為止的累計成交量。

　　投資人隨時可以將目前的成交價，與分價量表上各檔價位加以比較，便可得知今天買進的人大都處於獲利狀態還是套牢？而累積成交量最多的價位，可能成為上檔的壓力或下檔的支撐。

　　系統的功能還會將一段時間內，每一天的分價量表累計，成為這段時間內的分價總量表。（圖三十五）

　　從圖表中可以輕易地看出，在這一段時間內，每一檔價位累計的成交張數。而成交張數特別多的價位，當然就是這檔股票的沈重壓力或堅實支撐了。而且，其參考性絕對遠大於單日的統計結果。

即時技術分析

　　以前作股票十分辛苦，對於一些面臨技術面轉折點的股票，勤作功課的投資人必須在前一天先行沙盤推演，將關鍵價位算出來，以作為當日看盤的觀察重點。

　　現在有了電腦的輔助，各家即時行情系統都備有即時技術分析的功能，根據當時的成交價馬上畫出 K 線圖，並計算出各種技術指標的數值。

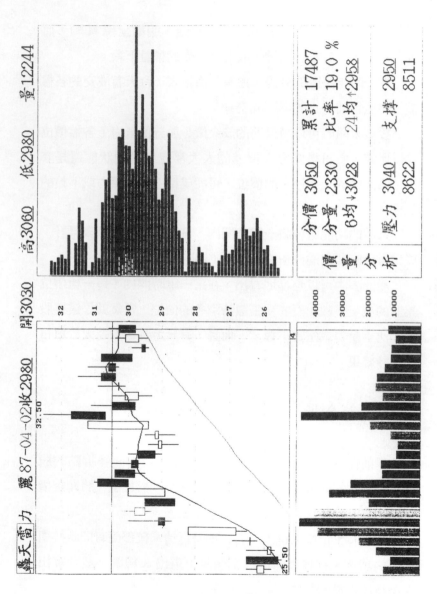

圖三十五　力麗分價成交量累計分析圖

　　因此，只要在盤中打出 K 線圖來，無論是大盤與類股的指數還是個股，隨時都可以觀察上升趨勢線與下跌趨勢線是否形成突破？缺口是否回補？各種技術指標是否出現正交叉或負交叉？或者形成背離？

　　盤中即時技術分析雖然可以提前告訴您一些關鍵性的技術現象，但是也可能被主力設計為騙線的工具，吸引投資大眾進場，結果到尾盤或次日卻完全走樣。

　　因此，當發現技術面重大訊息時，必須再參考其他研判的工具與方法，互相印證之後才進行動作。

第九章　開盤與早盤戰略分析

開盤價

　　股市的交易時間雖然是九點鐘才開始，但是證券交易所與櫃檯買賣中心的電腦，卻從八點三十分便接受各證券公司輸入買賣單。

　　正式的撮合交易於九點整開始進行，每檔個股的第一筆交易成交價格的決定原則，是將開盤之前所有的買單或賣單依委託價格分別彙計之後，採取能夠成交最多數量的價格作為開盤價。

　　例如，某檔股票前一交易日之收盤價為60元，依7%計算，當天漲停板為64元、跌停板為56元。以每個升降單位0.5元來計算，共有十六個價位。

　　假設開盤之前申掛情況如表二。

　　若依序以各檔價位為開盤價，撮合結果如表三。

　　由於股市交易的電腦撮合是以價格為優先，故以上各種開盤價，除了「62元」之外，其餘均會出現買進價高於成交價或賣出價低於成交價，卻未獲得撮合成交之不合理現象。

　　若以62元為開盤價，不但沒有上述不合理現象，而且可撮

表二

價位	總買張	總賣張
64　元	80	70
63.5 元	5	40
63　元	10	35
62.5 元	25	20
62　元	150	25
61.5 元	10	20
61　元	15	10
60.5 元	20	20
60　元	40	15
59.5 元	20	15
59　元	25	10
58.5 元	10	5
58　元	35	0
57.5 元	40	0
57　元	30	0
56.5 元	50	0
56　元	50	40

表三

開盤價	買方可成交之張數	賣方可成交之張數	可撮合成交之張數	備　　　　　　　　註
64　元	80	325	80	高於60元之賣單均未成交
63.5 元	85	255	85	高於60元之賣單均未成交
63　元	95	215	95	高於60.5元之賣單均未成交
62.5 元	120	180	120	高於61元之賣單均未成交
62　元	270	160	160	部分62元買單未成交
61.5 元	280	135	135	部分62元買單未成交
61　元	295	115	115	部分62.5元買單未成交
60.5 元	315	105	105	部分62.5元買單未成交
60　元	355	85	85	低於63.5元之買單均未成交
59.5 元	375	70	70	低於64元之買單均未成交
59　元	400	55	55	部分64元買單未成交
58.5 元	410	45	45	部分64元買單未成交
58　元	445	40	40	部分64元買單未成交
57.5 元	485			
57　元	515			
56.5 元	565			
56　元	615			

合成交張數160張也最多，故別無選擇：以62元爲開盤價。經撮合之後，從56元到62元之賣張共計160張均以62元賣出成交，未成交之最低價62.5元顯示於即時系統之賣出價。買盤方面，從64元到62.5元之買張計120張，加上62元部分40張，共160張獲得62元買進成交；但62元之買張尚有110張未成交，故以62元顯示於即時系統之買進價。

　　因此，畫面呈現的開盤情形爲：62元買進，62.5元賣出，成交價62元，現量160張。

　　從以上決定開盤價的過程中，您應該可以發現，幾乎都是由最大的單子直接指出最後的結果。

　　事實上，您若注意一下周遭散戶投資人，在開盤之前掛單的動作，便可以發現，買進的價位分布較爲均勻，有人喜歡追高，有人習慣低接。

　　可是，絕大多數的投資人在開盤之前掛出的賣單都是平盤以上的價位；除了市價委託者以跌停板申報之外，鮮少有人尚未開盤便決定降價求售。

　　因此，若開出平低盤而量不小，大都是主力的意思。一般的情況，多數的股票經常都以平盤或小紅開出，主要是因爲散戶掛單的習慣所造成，而大部分的主力（包括大股東），在平常時候也喜歡等開盤之後看看大環境再決定怎麼做。

　　但是某些主力正積極介入的股票就不一樣了；主力會用大單子讓開盤價依他的意思呈現出來。這些股票的第一筆交易都伴隨著特別的巨量，使「有心之人」能夠十分輕易地辨識。

有時候，一開盤想以「市價」敲進或拋出的散戶投資人太多，遠遠超過主力申掛的數量，結果竟然擦槍走火，一開盤就是漲停板或跌停板。這種超強或超弱的表現，如果不是主力所主導，經常只是曇花一現，馬上就會打開而迅速恢復中小紅或小黑的常見狀況。

除了這種「意外」情形，一檔股票的開盤價若超過3%的漲、跌幅，又帶著較大的成交量，往往都隱含著主力堅定的意志力。對於他所指示的多空趨勢，最好不要掉以輕心，蓄意與他對作，以免蒙受重大的損失。

強勢族群與弱勢族群

開盤前五分鐘，必須參考漲幅排行榜與跌幅排行榜，迅速判定強勢族群與弱勢族群。

再對照前一個交易日收盤時的表現狀況，若昨天的強勢族群今天開盤的走勢依舊亮麗，表示主力作多意願高，後勢續強應當沒有問題。

如果前一個交易日的強勢族群，今天開盤卻是平平，反而有另一個族群竄出來；這種情況表示主力不敢長抱，只是短線輪作，漲勢隨時可能衰竭，行情也將急轉直下，持股比率便不宜太高，而且絕不可追高殺低。

在個股方面，前一個交易日表現最強勢與最弱勢的一些股票都必須特別注意。

　　如果一檔股票以漲停板收盤，次日開盤即使不跳空大漲，至少也應維持榮面才對；萬一開出低盤就值得懷疑了：是否主力拉高出貨？也許只是隨著大盤或類股瞎起鬨，不小心被拱上來而已？還是業內進行短線炒作的一日行情？

　　這種狀況，經過密切觀察之後，若盤中反彈一直無法有效站上平盤（即昨日漲停價），就可以考慮作空了。

　　同理，加果一檔股票以跌停作收，持股者求售無門；次日累積了更多的賣壓，開盤理應繼續重挫；不料卻不跌反漲，開出高盤。這時就必須注意，若盤中拉回仍然不再碰觸平盤，表示昨日的下殺為洗盤誘空的動作，應該把握機會買進作多。

大盤指數透露的訊息

　　前面曾經說過，由於一般投資人掛單的習慣，個股大都會以平盤或小紅開出；大盤的指數是由所有個股的價格所形成，因此，九點五分的第一盤經常也是開出平高。

　　如果第一盤的指數便超越三天之內的最高點，甚至突破重大的壓力區，若非配合政策利多的發布，通常都是控盤的大主力強烈作多的宣示。這時雖然不一定要馬上搶進，可是絕對不可存有見高作空的念頭。

　　如果遭逢利空襲擊，第一盤的指數開低，切勿慌張。首先分析一下利空的影響程度，並且觀察震央中心個股的表現；若受消息影響最重的股票一開盤就紛紛無量跌停，看法必須保守

一點；如果開出跌停但承接有力，成交量迅速增加，或者有一半以上並未跌停，便應稍安勿躁，繼續觀察。

如果第一盤的指數便跌破三天之內的最低點，甚至跌破重大的支撐區；這時雖然不一定要馬上殺出持股，至少不應該見低搶進。

如果並沒有重大利空，而且前一個交易日表現不錯，第一盤的指數卻開出低盤，近期的強勢族群又明顯轉弱。這種情況通常是因為主力趁著前一日的強勢盤逢高出脫，短線不看好所致；不但不宜進場買進，反而可以在盤中反彈無力，確定盤勢明顯轉弱時，尋找弱勢股作空。

操作股票首重「量價配合」，尤其是第一盤的成交量特別重要。

在上漲波段中，若開出平高或長紅，第一盤的成交量與前兩天第一盤成交量比較，最好呈現越來越高的現象，否則盤中難免震盪拉回，不宜追高。

在下跌波段中，無論開平高或平低，第一盤的成交量若一直維持於較低水準，整理局面恐怕不易改變；可是一旦出現背離，第一盤成交量突然放大，可能就是盤勢即將翻揚的徵兆。

例如：圖三十六是加權股價指數，八十七年四月二日至四日，三天的五分鐘線指數圖。

四月二日開低，第一盤成交量79.85億元，雖然接著拉高、走低再反彈，仍然收小黑。依據操盤原則，開低盤應該觀望；早盤衝高時成交量未見放大，不宜追高，最後果然還是下

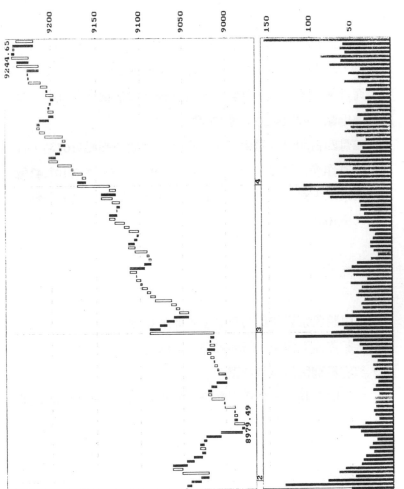

圖三十六　加權股價指數五分線圖 (87/04/02~87/04/04)

跌。

四月三日開盤中紅，第一盤成交量74.16億元，卻較前一日萎縮，故隨即拉回試測支撐。結果並未跌破四月二日開盤指數，而且量能萎縮後，九點二十五五分下殺帶量呈現背離，是絕佳進場點，收盤果然大漲120點。

四月四日開盤也是中紅，一舉突破近期的高點9167點，宣示了強力作多的決心；第一盤成交量也大幅擴增爲107.43億元，結果以大漲小回的方式一路往上攀升，收盤站穩9200點，再度大漲100點。

資金流向

如果將股票操作比擬爲划船，那麼資金就像水一般；缺水之處，船隻幾近擱淺，很難前進；水深之處，行船固然方便快速，卻容易翻覆而慘遭滅頂。

多年前台灣上市公司家數少，股票大都是齊漲齊跌，逆勢者不多；近年來，在證券主管機關有意擴大市場規模政策的引導下，每年新上市上櫃的公司越來越多，遠超過資金增加的速度，市場的資金已經無法再支撐股價全面上漲。因此每個波段都只有部分股票獲得資金的眷顧而發動漲勢，同時也會有另外一批股票被主力大量拋售而抽離資金；這兩個族群，由於主力的進駐與撤出，都會出現較大的成交量而受到市場的矚目。

操盤的最大目的在尋找強勢股作多，或確立弱勢股作空。

依前所述，轉強或轉弱的股票，其共同的特徵便是成交量的放大。

若到中盤時才去檢視量增率大的股票，多半勝負已分，強者高掛漲跌，弱者跌停關門，結果完全喪失了操作的機會。

其實，您應該在開盤之初便去瞭解一下量增率排行榜的內容，先剔除一些每天成交量低於100張的冷門股票，然後觀察前三十名，挑選出符合以下條件的股票：

㈠若能歸納出一、兩個族群，可將之視為優先觀察的目標，尤其是其中的超強或超弱股。

㈡作多的對象，優先考慮低檔盤整已久，底部首度放出大量往上強攻的股票；若情勢十分明顯，甚至不排除以市價搶進。

㈢作空的對象，應注意漲幅已大，近日頻出高量的股票；若開盤之後不斷出現單筆巨量，股價卻僅小紅，甚至開高走低破平盤，便可考慮出手作空了。

例如：**圖三十七**是八十七年四月八日九點五分的量增率排行榜。

經迅速歸納之後，發現其共通性，絕大多數屬於股本40億元以下的中小型公司；依類股來分，最多的是食品類股，計有台榮、立大、中日、大統益、順大裕、久津、佳格、惠勝、益華共九檔。其集中性十分明顯，值得列為作多的對象。

再參考技術線圖，發現有兩檔絕佳標的：

㈠代號1209的益華（**圖三十八**）——股本37.7億元。前波

量增率	買進	賣出	成交	漲跌	總量	現量			買進	賣出	成交	漲跌	總量	現量
志隆	3080		3080	+250	5676	156		久津	2270	2280	2280	+060	514	10
聯				+290	3521	17		東聯	3450	3460	3450	+040	1440	6
東鋼	2390	2400	2390	+030	1087	178		台肥	8450	8500	8500	+250	3556	11
國賓	833			+210	4189	6		華城	5100	5150	5100	+050	224	2
南港	1610	1620	1610		435	378		泰山特	2430	2450	2450	-010	18	10
美亞	4330	4330	4330	-020	3189	15		佳格	6800	6850	6800	+050	75	1
華建內	5400	5400	5400	+100	5	5		大華	3180	3200	3200	+050	1039	20
大將	1990	2000	1990	+030	2150	6		華國	3100	3120	3100	+060	126	8
台樂	2320	2330	2320	+030	399	47		羅馬	2380	2390	2380	+030	1587	50
立大	3010	3010	3010	+110	895	7		碧悠乙	2800	2810	2810	+010	39	25
普興				+050	113	8		新泰伸	6450	6550	6550	+300	575	19
豐日	4950	4950	4950	+050	445	40		源興	6750	6850	6750	-150	465	33
中式	2590	2600	2590	+060	1627	166		中纖	2750	2760	2760	+050	1803	359
美字	2290	2290	2290	+150	1795	102		惠勝	2270		2270	+030	284	17
廣益	7150	7200	7200	-200	1521	37		高林特	1970	1980	1970		45	16
福隆	9950	1000	9950	+050	170	17		台積電	1590	1600	1600	-100	1522	7
大統益	3840	3850	3850	+050	409	7		富邦店	745	730	745	-005	175	8
正隆	2840	2850	2850	+070	947	205		裕隆	7200	7250	7200	-100	1181	20
三陽	1710	1720	1720	+020	94	2		國喬特		2830	2850		21	2
順大裕	5100	5150	5150	+050	1285	4		宏總	2070	2080	2080	+030	790	10
亞瑟	1295	1300	1300	+100	9257	9		益華	2280	2290	2290	+040	598	23
				+400										

9:05:40

正在發酵中，我國紡織品第一季輸美市場大幅衰退

加權指數 9263.94 (-2.74)　　領先指標 9268.88 (+2.20)　133　9:04:50

成交金額 94.680 億 (佔1546.220)　最新成交 2700　25

派212家　跌114家　平114家　派漲停 5家　跌停 0家

圖三十七　87年4月8日9:05之量增率排行榜

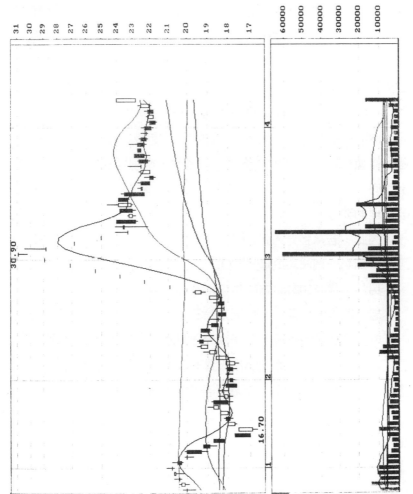

圖三十八 益華日線圖

由16.7元強攻到30.9元之後，拉回整理五週，修正幅度爲漲幅的三分之二，量能也萎縮到極致。今日跳空突破二十四日均線，並將短、中、長期均線轉化爲下檔支撐；並且是低檔整理之後首度出量大漲。

㈡代號1221的久津（**圖三十九**）──股本僅10億元。年初從29.5元高點拉回，進行兩波段的修正走勢，耗時已達十三週。從型態來看，中期的整理已至尾聲，線型並在22元之下打出雙底。今日帶量跳空，直接站上揚升逐漸走平的半年線，突破整理的姿態十分明顯。

因此，若擇強介入這兩檔股票，最後均以漲停板收盤，而且都買到另一個波段的起漲位置。

另外，代號2024的志聯也值得注意（**圖四十**）。

志聯股本9.12億元，今天是第三支強勢跳空漲停，不過前一天成交量僅4000多張，但是今天才開盤五分鐘便頻出大量，已經累積了3521張，萬一爆出天量有反轉之虞；因此手中若有持股應該先行獲利出場，至於是否作空則尚未決定。

從**圖四十一**，志聯的分時走勢圖所示，果然漲停打開，並在九點二十分左右跌破平盤，弱勢已明。接下來於九點二十五分反彈到42元之上均爲絕佳放空點。

最後一路盤低，以接近跌停板的最低價作收。

K線圖上果然是一根開高走低的實體長黑，成交量高達21070張，爲上市以來天量，單日週轉率23%。並開始進行一段猛烈的跌勢，於六月初已崩落到28元。

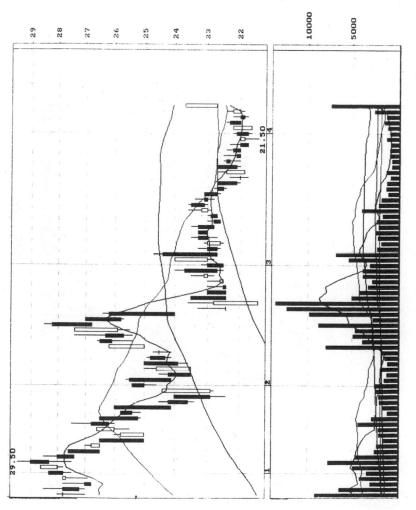

圖三十九 久津日線圖

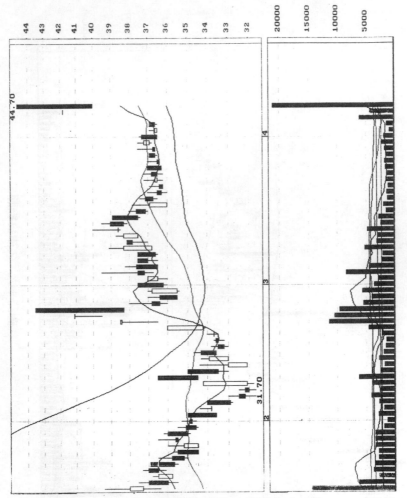

圖四十 志聯日線圖

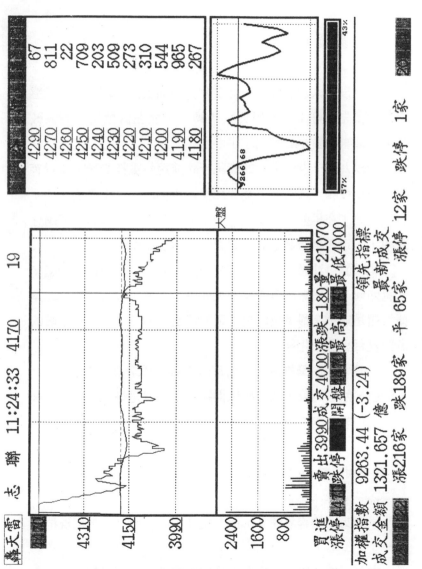

圖四十一 志聯分時走勢圖

買賣交易資訊

　　一般投資人想賣股票，經常會在高檔設定一個價位，開盤之前便預先掛好；至於想買股票的人，先在低檔掛進的人較少，大都喜歡盤中看情況才出手。

　　所以九點一開盤揭示的資訊，除非連續重挫之後，或者有政策利多發布，通常賣單都會比買單多個二、三十萬張。

　　因此，在早盤（九點三十分以前）對於這項資訊不可過分重視，一定要參考其他的資訊或數值才能定奪。

　　比較值得注意的是，每五分鐘所公布的新資訊顯示的趨勢究竟如何？買賣單的差距是增加或減小？賣單與買單的比率是擴大還是縮小？最重要的是，這種買賣單的變化與大盤指數的走勢是否呈現正相關？

　　至於平均每筆買張與平均每筆賣張，除非相差超過2張，否則在早盤的意義不大。較值得關心的，也是每五分鐘公布資訊所顯示的趨勢方向。

早盤的指數觀察重點

　　早晨第一盤容易開高，第二盤則正好相反，大都呈現拉回走勢。

　　有些人抓住股市喜歡開平高盤的習性，每天尾盤最後兩分

鐘以市價買進強勢的熱門股票，次日一開高馬上賣出，尾盤再買。這種作法扣除手續費與證交稅之後，只能賺點零用錢，白白便宜了證券商與財政部，可是偏偏有人卻樂此不疲！

另有一些投資人，一見開出高盤便先賣出，希望盤中有拉回時再逢低回補，賺點當日沖銷的差價。

以上這兩種賣壓，很容易造成第一盤開高之後的拉回走勢；但是，如果主力真想作多，在早盤結束，也就是九點三十分之前，便會止跌回升，而且整個拉回的幅度不會超過第一盤漲幅的0.618。

如果開高盤之後仍然繼續揚升，而且成交量配合不錯；一直到九點二十分以後才開始拉回，表示主力作多意願強勁，可以趁拉回修正時擇強介入。

若第二盤稍事拉回，到第三盤或第四盤馬上翻升，早盤又創新高點，應仍以作多為主。

如果開高之後便一路走低，早盤就跌破平盤，可能形成主力出貨盤，作多者必須謹慎觀察後勢發展。

萬一開出低盤，除非第二盤或第三盤馬上迅速回升到開盤價之上，或者在早盤便轉黑為紅，否則都應該在反彈乏力之後留意作空的時機。

早盤進行買賣的注意事項

　　早盤進行買賣的最大優點，便是作多的股票開低走高，或是看準一檔開高走低的股票作空，不但當天便賺到超過一支停板的價差，還有更大的利益在後面等著。

　　不過，基於同樣的道理，早盤便買進強勢股，萬一開高走低呢？或者選擇弱勢股作空，不料卻開低走高，也可能當天便虧損超過一支停板。

　　因此，若想在早盤就進行買賣的動作，必須注意下列幾點：

　　㈠作多的對象，必須是在低檔盤出底部型態，初步轉強的股票。

　　㈡作空的對象，必須是在高檔作出頭部型態，並明顯轉弱的股票。

　　㈢最好在前一晚參考技術面、籌碼面以及消息面的各種資訊之後，早就選定今日為可能的進場時機的股票之一，切勿臨時起意。

　　㈣最好先開立信用交易帳戶，以便萬一出現逆轉時，可反向對沖以規避風險。

第十章　中盤戰略分析

中盤作戰的基本態度

歷經了早盤聚精會神的看盤工作之後，從九點三十分便進入中盤戰的階段。

這個階段共包含兩個小時，一直到十一點三十分都屬於中盤戰的範圍。

這段時間較長，震盪幅度通常比較緩和；不過，整個走勢往往會指出一個大致的方向。因此，觀盤時雖然不必像早盤那般辛苦忙碌，卻必須密切注意強勢族群與弱勢族群是否轉移？還有大盤指數行進的過程中，價量配合的情況是否恰當？

最重要的是，必須借重各種資訊與研判方法，確定尾盤行進的方向如何？是否要進行買賣動作？預定的對象股票是那幾檔？預設的條件是什麼？

類股輪動的觀察

早盤出線的強勢類股與弱勢類股，如果主力作多與作空的決心夠強，又獲得市場投資人的認同，就會帶動資金的轉移，

使強者更強，弱者更弱，盤勢便會朝向良性發展而盤堅向上；操作方法當然是擇強作多。

如果早盤強勢的股票，投資人搶進之後，主力卻站在供應籌碼的角色，再將抽出的資金轉向另外一個類股，使原先的強勢類股逐漸疲弱。

接棒轉強的類股又成為散戶追高的目標，不料主力依樣畫葫蘆，仍然只是虛晃一招，揚長而去。

於是盤面上呈現類股快速輪漲的現象。中盤尚未結束，幾乎所有的類股都輪完一圈，追高買進者大都陷入套牢的窘境。這種情況操作便須保守，最好擇弱作空。

例如：**圖四十二**為八十七年四月八日，加權指數與十九大類股的分時走勢與成交量圖。從圖中可以發現各時段之強勢類股各自不同。

開盤：鋼鐵、食品、化工。

九點三十分：食品、紡織、造紙、玻璃、化工、橡膠、營建、運輸、百貨、其他。

十點：食品、電器、橡膠、營建、金融、觀光。

十點三十分：食品、塑膠、電器、營建、百貨、觀光。

十一點：食品、電器、造紙、電子、觀光、百貨。

十一點三十分：運輸、百貨。

依此觀來，類股輪動十分快速，到十一點三十分中盤結束時，所有的類股幾乎都輪過了，因此不宜作多。

果然，最後只有百貨、造紙尚稱強勢，最弱勢的塑膠、電

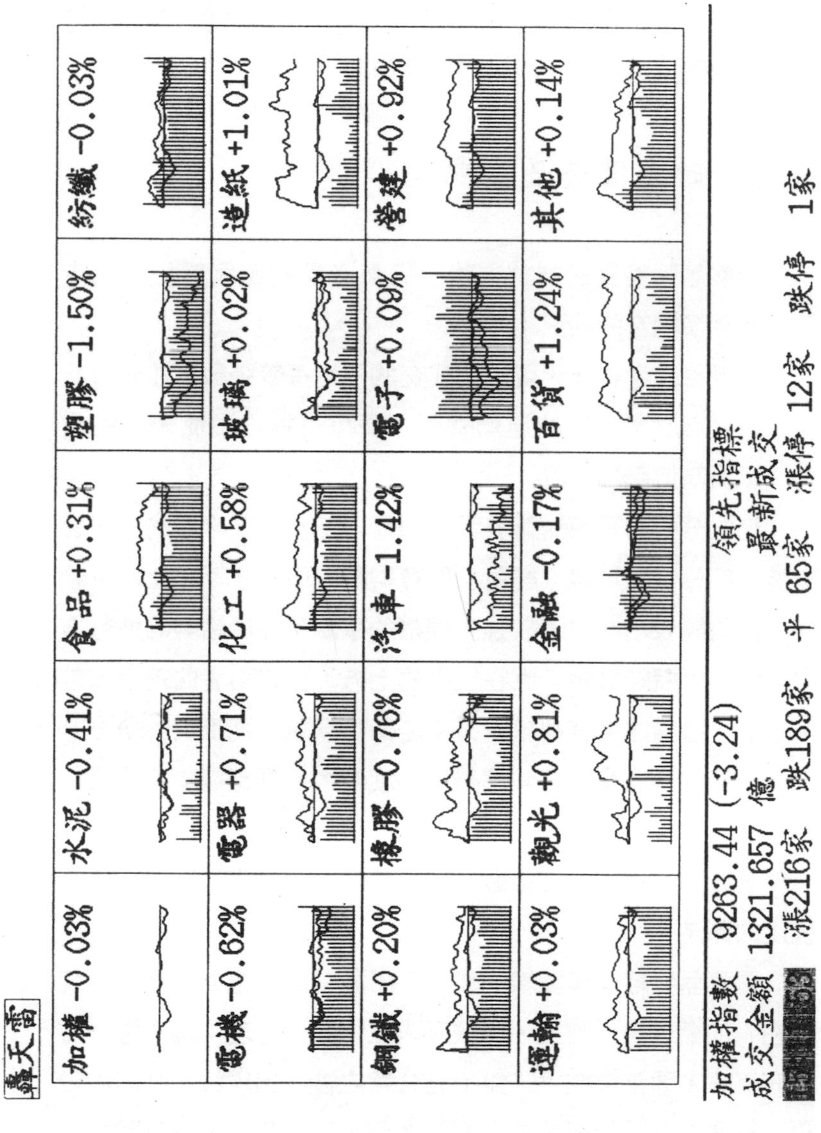

轟天雷

加權 -0.03%	水泥 -0.41%	食品 +0.31%	塑膠 -1.50%	紡纖 -0.03%
電機 -0.62%	電器 +0.71%	化工 +0.58%	玻璃 +0.02%	造紙 +1.01%
鋼鐵 +0.20%	橡膠 -0.76%	汽車 -1.42%	電子 +0.09%	營建 +0.92%
運輸 +0.03%	觀光 +0.81%	金融 -0.17%	百貨 +1.24%	其他 +0.14%

加權指數　9263.44　(-3.24)
成交金額　1321.657　億
漲216家　跌189家　平 65家　漲停 12家　跌停　1家

領先指標
最新成交

圖四十三　十九大類股分時走勢圖 (87/04/08)

機、汽車、其他等類股均以最低點作收；幸好佔權值最大的電子與金融強拉尾盤，才能只以小黑作收。

大盤分時走勢與量價配合

觀察類股輪動的方式之後，仍然必須對照大盤指數的走勢，與量價配合的狀況。

如果再參考買進、賣出與成交的平均每筆張數，並分析其變化消長與股價漲跌的連動關係，便可以據之預測未來的趨勢，以及高低點的位置。

江波分析圖是預測盤勢發展的最佳工具。下半段的「買賣盤勢」部分，買均線（紅色）與賣均線（藍色）互相比較，站在上面的線表示其力道較強。觀察的重點是在於趨勢的進行方向，例如：藍線雖然一直在紅線的上方，但是兩者的差距卻越來越小，這種趨勢有利於多方；若漸行漸遠，則不利於多方；萬一兩條線形成交叉，其趨勢的強度較大，理應造成急漲或急跌。

至於平均每筆成交張數，其數值的大小通常表示主力參與程度的深淺。

買賣盤勢紅線與藍線的變化，所顯示的多空力道消長，反映在「加權走勢」圖上，應該形成正相關才合理；萬一這一盤沒有反映，通常會在下一盤（五分鐘之後）出現較大的同步現象；不過，有時候卻是主力蓄意作假，下一盤便會揭露真相，

造成更大的影響。例如：十點正買均突破賣均，指數卻沒有漲；十點五分賣均又大增而遠超越買均，指數則正式大跌；這種情況不得不防。

　　成交量也是另一項檢驗大盤良窳的工具。當賣均力強，指數下挫時，成交量萎縮；當賣均力弱，指數上揚時，成交量遞增；這種「價漲量增、價跌量縮」的現象，對多方比較有利。反之，價與量呈現背離時，大盤的趨勢傾向空方。

　　圖四十三是八十七年四月八日的江波走勢圖。

　　從圖中可見，在九點四十五分以前，除了短暫時間拉近距離之外，賣均都遠在買均之上；加權指數也以小黑開出，稍事反彈之後便一路下殺。

　　之後，買均逐漸拉近賣均，十點前後兩線糾纏不放，並延續了一個多小時，指數也迅速彈升，在平盤上下遊走，可惜成交量無法擴增，使買氣後繼乏力。

　　十一點過後，不耐久盤的賣單蜂湧而出，賣均穿越直上，使指數迅速下滑，幸好成交量再縮，似乎賣壓也不重，買均與賣均忽上忽下，互有領先，指數也震盪劇烈，成交量逐漸放大，買賣雙方顯然進入肉搏戰。

　　最後十分鐘，場外觀戰的資金進入，成交均張放大表示主力大戶最後進場扮演救世主，拉抬目標為金融股與部分電子股，買力大增，指數急漲，但時不我予，還是以小黑作收，與開盤價幾乎僅差1點，K線圖收十字線。

　　依此看來，若沒有其他因素干擾，次日應該會有一個好的

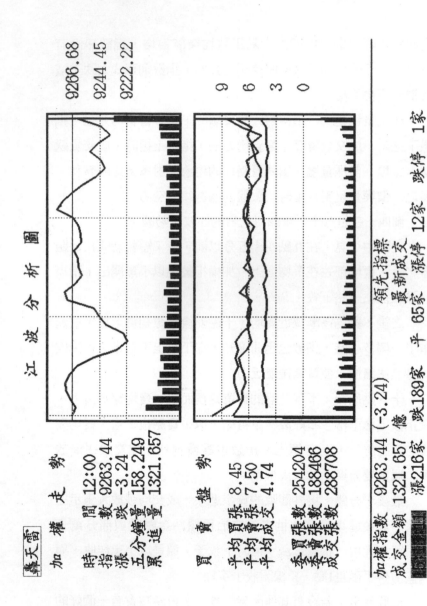

圖四十三 江波分析圖 (87/04/08)

開始。

中盤轉強股

　　在中盤戰事之中，操盤者最重要的工作，便是找出轉強或轉弱的股票，並適時切入，進行買賣動作，創造獲利機會。

　　一開盤就大漲或重挫的股票，距離漲、跌停板不遠，若馬上進行多空操作，就算收盤真的漲停或跌停，利潤也不高。而且，萬一出現開高走低或開低走高的逆轉局面，還可能蒙受重大的損失。

　　如果到了中盤後段才轉強，又能及時發現而買進，不但可獲得較大的差價，而且絕大多數都會確保強勢到收盤，甚至啟動另一段中期漲勢。

　　「量是價的先行指標」，要發現轉強的股票，大筆成交量無疑是最佳的信號彈。一方面可以利用系統中的警示功能來尋找大單成交的股票，一方面則是隨時注意「量增率排行榜」中突然出現的新面孔。

　　找到可疑的「候選」股票時，先從個股的分時走勢圖看看量增的程度是否夠多？以及價格揚升的角度是否夠陡？

　　接著再觀察分時價量明細表，確定一下大單進場的價位，以及之後每一筆大單進場成交時的叫價情形，是否大都以外盤成交？

　　最後必須查看即時技術分析的 K 線圖，是否突破重要的

關卡價位？或者造成何種技術面的優勢？

　　若一切都沒問題，就必須趁最後拉回確認轉強點的機會，及時買進作多。

　　例如：代號2258的美格，於八十七年四月八日中盤，十點四十分之前半分鐘突然出現大筆成交量。經觀察其分時走勢圖，發現該股之前一直在平盤31.7元上下遊走；成交量暴增之後，股價也迅速向上揚升。（圖四十四）

　　再看其分時價量明細表，三十九分267張以及四十分520張均以外盤成交，強攻心態明顯。（圖四十五）

　　接著打出即時技術線圖，發現前兩日均受制於下降壓力線而拉回，下滑狀況的半年線也在32.1元形成蓋頭反壓；而且32.1元又正好是前一天的最高價，顯然具有沈重的上漲阻力。（圖四十六）

　　於是回頭密切觀察後續的發展。十點四十二分主力發動強力攻擊，以一千多張巨量買盤完全消化賣單，直接跳空躍過最大壓力價位32.1元，急拉到32.4元，轉強已初步確立。

　　主力決定小幅停頓，用32.4元的賣盤測試承接力道，此時為第一次買進機會。

　　接著馬上進行第二波強攻，直線拉到33.5元，離漲停板只差四檔。然後又拉回測試32.7元至32.8元的支撐，量能隨之萎縮，此時為第二次買進機會。

　　最後幾分鐘，毫不客氣，迅速拉上漲停板關門，這時才想掛單已經買不到了。

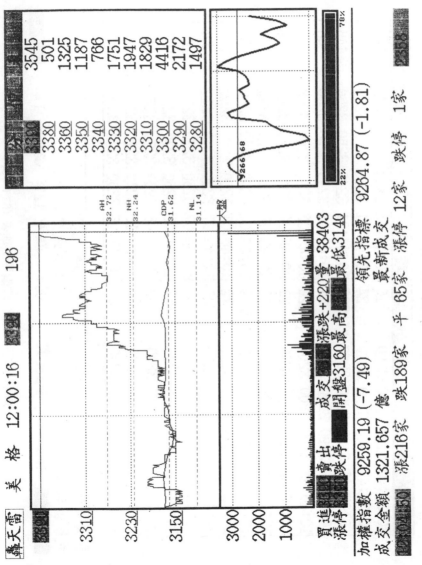

圖四十四 美格分時走勢圖 (87/04/08)

霆天電　美格　分時價量明細表

時間	買進	賣出	價	量	時間	買進	賣出	價	量
10:38:49	3190	3200	3190	10	10:43:56	3240		3240	170
10:39:41	3190	3200	3200	24	10:44:01	3240		3250	48
10:39:41	3190	3200	3200	267	10:44:01	3240	3250	3250	445
10:40:43	3190	3200	3200	51	10:45:03	3240	3250	3250	48
10:40:43	3190	3200	3200	520	10:45:03	3240	3250	3250	900
10:40:49	3190	3200	3200	21	10:45:10	3240		3240	22
10:42:10	3190	3200	3200	13	10:45:10	3240		3240	44
10:42:10	3200		3200	209	10:46:01	3240	3250	3250	37
10:42:16	3200		3220	72	10:46:01	3250	3250		443
10:42:16	3220		3220	345	10:46:07	3250		3270	54
10:43:08	3220		3240	57	10:46:07	3250	3270	3270	229
10:43:08	3240		3240	757	10:47:08	3250	3270	3270	50
10:43:14	3240		3240	89	10:47:08	3260	3270	3270	441
10:43:14		3240	3240	169	10:47:15	3260	3270	3270	33
10:43:56		3240	3240	22	10:47:15	3280	3270	3270	55

加權指數　9263.44 (-3.24)　　　領先指標
成交金額　1321.657 億　　　　　最新成交
漲216家　平 65家　跌189家
派停 12家　跌停　1家

圖四十五　美格分時價量明細表 (87/04/08)

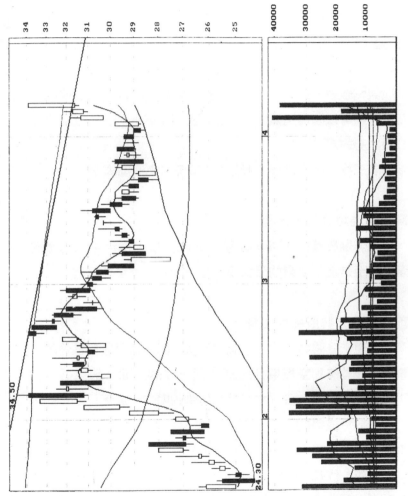

圖四十六　美格日線圖

中盤轉弱股

　　與轉強股一樣，若能在中盤發現個股明顯轉弱並適時作空，大都可以因為尾盤收在低點而獲得不錯的利潤，甚至賣在波段跌勢的起點。

　　若想找到明顯轉弱的股票，有兩個比較明顯的特徵：

高檔出現爆發性的天量

　　所謂爆發性的天量，即單日的成交量出現半年來的最高量，甚至是上市以來的最大量。當日與次日都可能轉弱。

前一日的強勢股卻開出低盤

　　表現十分強勢，收在最高點或次高點，甚至收盤漲停的股票，隔天並無利空襲擊所造成全面下挫的局面，卻以低盤開出。通常表示前一日主力有趁高偷跑的動作，或者只是業內短打以及散戶追搶的結果，甚至是尾盤跟著同類股票硬被拱上來，並非主力堅定作多，真正的強勢股。

　　例如：代號9911的櫻花，八十七年四月七日，在連續上漲十三週，漲幅超過一倍的情況下，雖然仍以最高價103元作收；但是成交量高達9372張，是半年來的天量，顯然主力掌握的中期籌碼有鬆動的現象。（圖四十七）

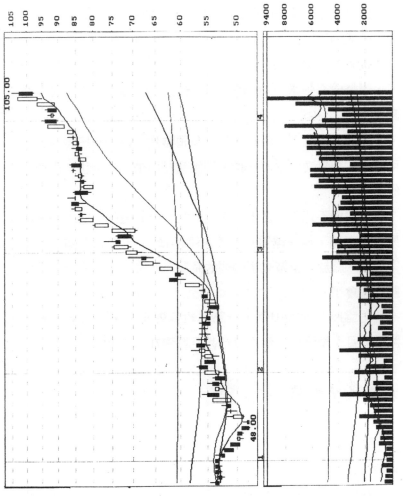

圖四十七 櫻花日線圖

四月八日，櫻花開盤102.5元，小跌5毛，雖然幅度很小，卻十分明白地透露了不尋常的訊息。（圖四十八）

接著雖然在九點半凝聚了最後的買力，將股價推到105元，可是成交張數只有33張，追價乏力，此時為第一次作空點。

盤勢急轉直下，跌破平盤，多頭雖然一再企圖扭轉頹勢，可惜每次都無功而返，一踫到平盤就打回來，這時也均為作空的機會。

多頭仍不死心，在十一點五分左右發動最後一次攻擊，結果還是一樣，無法越雷池一步，平盤價103元猶如天關一般牢不可破，終於完全確立了轉弱的命運。此後就沒有賣到較好價錢的機會了。

尾盤時兵敗如山倒，一路追殺到98元，幾乎以最低價收盤；而且不斷盤低，到六月初甚至看到71元的價位。

大盤成交總值

近年來由於第四台股市節目眾多，每天從早到晚都在進行盤勢分析，對投資人產生了或多或少的教育效果。

在證券公司營業大廳中，經常可以聽到投資人在討論有關量價配合的問題。類似「量價配合才能維持多頭趨勢」、「即使價已突破，量若跟不上來，很可能只是假突破而形成頭部」這樣的技術理論大家也都朗朗上口。

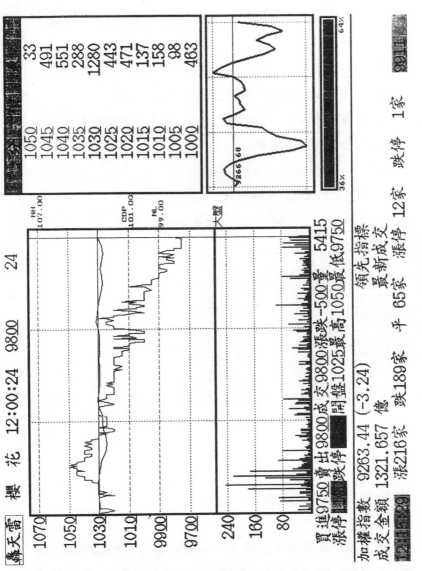

圖四十八　櫻花分時走勢圖 (87/04/08)

　　因此，在預測大盤未來進行的方向時，成交總值是絕對不可忽視的考慮因素。

　　在盤中隨時累積的成交量，必須將之換算為估計的全天成交總值，才能根據量價理論作出正確的判斷。

　　表四是中盤戰每十五分鐘累計成交量，換算為估計全天成交總值的公式，可供參考。

表四　預估全日成交總值換算表

時間	預估全日成交總值之倍數
9：30	4.23倍
9：45	3.03倍
10：00	2.54倍
10：15	2.16倍
10：30	1.90倍
10：45	1.74倍
11：00	1.61倍
11：15	1.43倍
11：30	1.33倍

公式：預估全日成交總值 = 當時累計成交量 × 倍數

強勢盤的觀察要領

　　台灣股市的規模不斷擴大，遠超過資金增加的速度；因此，早已無法像十年前那波多頭市場一樣，當多頭大軍發動攻

堅時，總是雞犬昇天，雨露均霑。

　　現在的盤勢，即使耗費二、三千億元的大量，也只能推動部分股票大漲。所以我將強勢盤的定義規範為：大盤指數上漲2.5%以上。

　　當指數大漲，現場的氣氛十分熱絡的時刻，投資人往往會趨於過度樂觀，認為漲勢將會延續下去，因而失去戒心，瘋狂追價。可是您千萬別忘了，這時正好也是主力大量出貨的絕佳機會。

　　要確定大盤是否能繼續保持強勢，其觀察要領如下：

　　㈠成交總值必須大於前一個交易日，但是又不能擴增太過迅速，增加的幅度大約以15～50%為宜。在中盤時，便可依據上一節提示之方法，先行預估今日之成交總值而進行判斷。量若不足，恐怕會形成背離，導致買盤乏力，最後還是會再退回來；量若太大，又須提防主力趁亂偷跑，作頭下跌。

　　㈡在中盤時間內，每五分鐘公布的指數與分時成交量，必須呈現「漲時量增，跌時量縮」的配合狀況，是多頭趨勢不可或缺的特點。

　　㈢電視牆上最引人注目的，毫無疑問就是漲停鎖死的股票，紅底反白的數字在場中顯得特別耀眼！尤其是當某個強勢類股集體走強，並一一亮燈漲停，帶動全場投資人齊聲歡呼時，往往能將大眾的亢奮情緒提振到最 High 的地步。因此，主力群若真正具有作多的意願，為了激發散戶的追價心裡，應該會卯力拉抬，使漲停板的家數突破7%。例如：假設集中交

易市場掛牌的股票共五百種（含普通股、特別股、權證、封閉式基金等），漲停板的家數至少要有三十五家，才算是合理的強勢盤。

㈣多頭市場中，每一個完整的中期波段，主流類股不會輕易改變；因此，若是超強勢的大漲格局，一定是由主流類股領軍。至於指標股，可能會由主流類股中的重要個股輪流擔綱。主流類股中漲停家數應該最多，尤其是指標股，必須率先強攻，一旦漲停便鎖死直到收盤。

㈤在強勢盤中，必須優先注意弱勢股的表現。真正強勁的盤，弱勢族群的數量會逐漸減少；反之，如果弱者更弱，甚至拖累其他股票一起轉弱，大盤終將受到影響而拉回。

㈥如果一開盤就跳空大漲2%以上，就必須注意一下，本波段已經過幾個跳空缺口？若屬於第三個缺口，就很有可能成為「竭盡缺口」而作頭反轉。因此，若前面已經出現過兩個跳空缺口，今天早盤又跳空大漲，盤中卻大幅拉回填補缺口超過三分之一，便不宜隨意買進作多，應該再多觀察。萬一指數又跌回平盤，將早上的跳空缺口完全回補，逢反彈都是賣空點。

弱勢盤的觀察要領

當指數大跌超過2.5%時，市場上風聲鶴唳，殺聲震天，一般投資人大都恐懼，若持續重挫將帶來更大的損失，不但不敢承接，反而會不計價殺低持股。有些人抱著賠錢不賣的態

度，但是眼見盤勢不振，連看盤的興趣也沒有；卻不知弱勢盤也充滿了獲利機會，如果跌勢將持續下去可以作空，若出現反彈或回升則可作多，不過首先都必須密切觀察以下數點：

㈠成交總值迅速萎縮是止跌反彈的要件。在跌勢初期，成交總值每天大都會縮小一至二成；如果有一天突然大幅減少三成以上，通常至少會醞釀反彈；若萎縮到頭部量的四分之一以內則有回升的機會。如果連續量縮盤跌數日之後，突然出現巨量長黑的背離現象，次日卻能開高，也是一種回升的訊號。除此之外，大致都以持續下跌居多。

㈡跌停板的家數若未超過3%，表示指數的重挫由全體股票平均分攤承受，大都只是漲多之後拉回修正而已，並非主力出貨造成的大幅回檔，應該注意止跌回升的訊號而介入作多；但跌停板家數若達到3%以上，而且不僅漲多的股票跌停關門，甚至包含一些弱勢股，漲時沒份，回檔時卻一樣重挫，就必須選擇弱勢族群作空了。

㈢跌勢重心如果不在主流類股，而是一些非主流股輪流下跌；主流類股雖然漲幅已大，卻還有不少個股仍然保持高檔整理，甚至逆勢收紅；這種情況通常不會持久，很快就會止跌回升，仍應擇強買進。如果主流類股紛紛中箭下馬，而且有一半以上殺到跌停，指標股更是早盤就倒地不起，這種情況便不可掉以輕心；若持續三天，主流類股仍然欲振乏力，許多個股跌幅都接近兩成，可能就是波段漲勢結束的訊號，操作當然以空單為主了。

㈣弱勢盤應優先注意強勢股的表現，看它們是被大盤拖垮？還是將強勢族群向外擴張，使大盤振衰起疲？

㈤在下跌波段中，第三個跳空缺口仍然可能成為「竭盡缺口」而啟動反彈的契機。因此，若前面已經出現過兩個跳空缺口，再見到跳空大跌時，必須密切觀察缺口回補的狀況，並隨時注意翻空為多的買進時點。

第十一章　尾盤與收盤戰略分析

尾盤選股原則

　　時間到了十一點三十分，終於進入尾盤階段。

　　經過兩個半小時的廝殺，多空雙方都已經兵疲馬困，勝負也差不多底定了。

　　這時候來挑選股票進行多空操作，勝算比較大；可是利潤也小，而且超強或超弱的股票，大都漲停或跌停鎖死，根本無法買賣。

　　首先看看振幅排行榜，剔除成交量過小的股票，將前三、四十名列為優先觀察名單。

　　如果想作多，必須注意那些上漲但仍未漲停的股票，並以當時的成交價與早盤最低價互相比較，差幅越大者越值得買進。

　　如果想作空，則可觀察振幅較大，目前成交價下跌但仍未跌停的股票，再計算一下其早盤最高價與現在價位的相差幅度，差幅較大者便是適於作空的對象。

　　有些股票振幅也很大，但卻是一大早便攻到漲停價位，後來先打到盤下又拉起來，雖然還是上漲，若與早盤漲停價相較

反而不如；這種股票，就不符合我們作多的條件，但也不要去作空。

同樣的道理，早盤看到跌停板的價位，中盤先反彈上來再殺下去，尾盤雖然還是下跌狀況，仍然不符合我們作空的條件。

上下震盪劇烈，通常會震出較大的成交量；早盤見高點，尾盤在平盤之下，K線圖如果不是實體長黑棒，就是帶有長上影線；同樣的，早盤見低點，尾盤又在平盤上，K線圖的型態若非實體長紅棒，便帶有長下影線。

因此，根據以上設定的條件選擇作多或作空的股票，不就等於在看到巨量長紅或長下影線的K線圖之前搶先上轎，或者在即將出現帶大量的長黑棒或長上影的線型之前便先行作空嗎？

至於要選擇股票作多還是作空呢？不知您是否還記得，操盤的第一條守則就是：順應大盤的趨勢？所以只要觀察大盤的走勢，便可知道應該選擇那個方向了。

例如：八十七年四月十三日的加權指數一開盤便下跌，並且一路盤低。到了十一點三十分進入尾盤，大盤正好反彈結束，彎頭下挫，顯然屬於下跌盤。（圖四十九）

為了尋找弱勢股票作空，於是檢視一下當時的振幅排行榜（圖五十）與量增率排行榜（圖五十一）。

在兩個排行榜中重複出現，同時開盤在平盤之上，但目前成交價已跌落盤下的股票，共找到兩檔，分別為：代號1310的

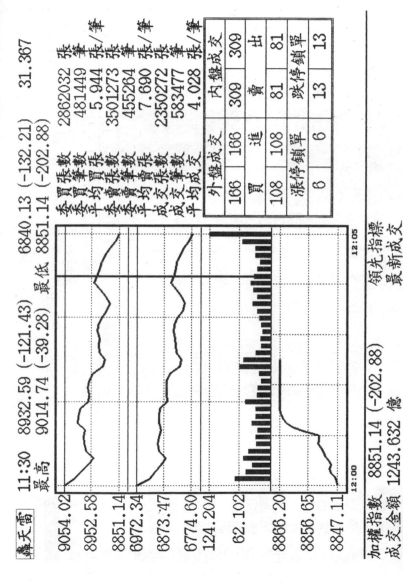

圖四十九 加權股價分時走勢圖 (87/04/13)

《日盤》　11:26:13　187

振福	買進	賣出	成交	漲跌	總量	現量		買進	賣出	成交	漲跌	總量	現量
津	5950	6000		+500	591	2	碧悠乙	2620	2630	2610	-140	107	20
大西洋	935	940	6000	-300	502	4	碧悠		3150	3150	-140	23048	78
三富		940	940	+005	854	10	順德		5800	5800	-300	1963	1
合眾				+11	181	1	楠梓電	9300	9350	9300	-350	6437	15
東訊	5600	5650	5600	-250	2408	13	英志		3750	3750	-160	5767	8
美格	3200	3210	3200	-180	23532	18	精英	1700	1710	1710	-070	2236	16
矽統	7850	7950	7950	-250	7179	5	寶隆	8650	8700	8700	-300	5378	2
上曜	1900	1920	1910	-050	1255	20	藍天	1035	1040	1035	-450	2071	13
智邦	8600	8650	8600	-550	4115	14	敏鴻		8950	8950	-100	11829	61
華升		4030	4030	-270	3693	10	友云	8900	5150		-350	31106	869
櫻通	2750	2770	2750	-200	2228	4	旺宏	5400	5450	5450	-100	3394	20
神花	9550	9600	9550	+300	6646	5	櫻花建	5300	5350	5300	-150	11854	2
光達	6700	6730	6700	-300	16174	53	中和		3140	3130	+120	4464	21
友訊	1220	1230	1220	-650	4088	12	福興	3130	4680	3130	-240	14358	4
金寶	8600	8600	8600	-250	3058	5	茂矽	4660	3920	4660	-070	3900	4
亞瑟	8450	8500	8450	-500	20919	12	福懋油	3910	6400	3910	-350	4599	19
全典	6200	6250	6200	-400	20018	19	明善	6350	1350	6350	+050	7838	2
長本	2620	2640	2640	-150	2468	2	順大裕	1345		1345	+230	8	1
	3670	3680	3680	+150	20765	37	生伸	1050	1060	1050	-400	6606	25
全友	5100	5150	5100	+250	50979	16	寶生	9600	9650	9600	-450	6966	2
				-050	20854	22	生厚	5850	5900	5850	-200	9979	5

市三參考指標　8932.59　(-121.43)　投資人退場觀望，量縮下跌　領先指標　8930.90　(-123.12)

加權指數　8932.59　(-121.43)
成交金額　967.550億 (估1287.981)　最新成交　7450
漲124家　跌301家　平49家　派停　6家　跌停　3家　台肥
漲124家　跌301家　平　49家

圖五十　87年4月13日 11:30 振幅排行榜

量增率	買進	賣出	成交	漲跌	總量	現量
華復	2370	2380	2380	+070	16181	135
統領	7300	7350	7350	+200	1014	5
亞	5550	5600	5550	-250	11295	17
南福油	3900	3920	3910	-070	3937	37
普昌	2240	2250	2240	+110	6893	5
丙	8650	8700	8650	+250	2857	1
大成				+140	12911	18
長設				+250	50979	16
嘉億		1020	1020	+020	20	7
益一				-100	85	5
友訊乙	2030	2040	2030	+040	5112	29
長合	5800	5850	5800	+050	7435	13
國泰化	2520	2530	2530	+100	7774	51
三芳	2450	2460	2460	+060	9395	5
國庫	3880	3890	3880	+040	6801	40
德寶	5800	5850	5850	+200	3079	93
台芳	5100	5100	5100	+270	14191	19
南染				+290	8	1
裝生	2830	2840	2830	+060	22533	10
紐新	5400	5550	5450	+050	103	1
同鋒	3530	3600	3600	+070	2832	5
達欣工						

股票	買進	賣出	成交	漲跌	總量	現量
元富金	1840	1850	1840	-010	75	10
和	1970	1990	1970	+020	4539	8
宏益	5150	5150		-350	31975	95
裕	1870	1880	1870	+030	6838	100
業	3990	4000	3990	+040	1250	16
票	2100	2110	2100	+040	40487	11
工	3190	3200	3190	+050	19736	20
運	3600	3610	3610	+050	3511	3
房	3780	3800	3800	-040	873	10
福	3620	3630	3630	+020	12300	2
興	2600	2640	2600	+020	2508	40
紙	1980	1990	1990	+110	5467	5
龍邦一	1257	1257			117	1
倉	3210	3220	3220	+020	9702	20
子	2130	2140	2130	+080	2670	1
營	6950	7000	6950	+040	207	3
一	1650	1670	1690	+150	2	1
茶	3670	3680	3680	-150	20859	3
瑞	3380	3400	3400	+060	6033	17
興	3130	3140	3130	+120	4664	21
特	2650	2670	2670	-030	40	3
					188	11

加權指數 8932.59 (-121.43)
成交金額 973.742 億 (佔1286.967)
漲120家 跌304家 平50家

《資一其他》美式子公司中和國際累計取得美式股票上億元

領先指標 8921.95 (-132.07)
最新成交 興 源 6600
漲停 6家 跌停 4家

圖五十一 87年4月13日 11:32 量增率排行榜

台苯以及代號1225的福懋油,均適於進行空方操作。

　　台苯開平盤之後即下挫,並在低檔盤旋。十一點三十分反彈,若以當時價位36.8元賣出(放空),收盤時跌停板35.7元。(圖五十二)此後更持續下跌,到六月初只剩24元。

　　福懋油開平走高,十一點之後開始下跌,若於十一點以39.1元作空,收盤為37.5元。(圖五十三)

尾盤才發動的股票

　　有些股票,前面兩個半小時表現得有模有樣,一直都保持強勢,只不過成交量稍微大了一點。

　　到了十一點三十分前後,突然出現更大的成交量,並且帶來一陣沈重的殺盤,跌破今日盤中力守的低點,甚至跌落到平盤之下。

　　另有一些股票,一開盤就下跌;雖然盤中似乎可以見到承接的力道不小,可是始終無法轉黑為紅,每次反彈到某一個價位便遭到拉回。

　　不料,到十一點三十分左右,居然有強勁的大買單進來,將股價卯力拉升,突破了前面一直無法克服的鍋蓋價位,甚至再往上竄升到平盤之上。

　　這種尾盤才發動的股票,當然是出自於主力的傑作。試想,對於一檔大半場都維持榮景的股票,一般的散戶除非早盤就賣掉,到了中盤戰時期大致都會認為後勢看好,不但捨不得

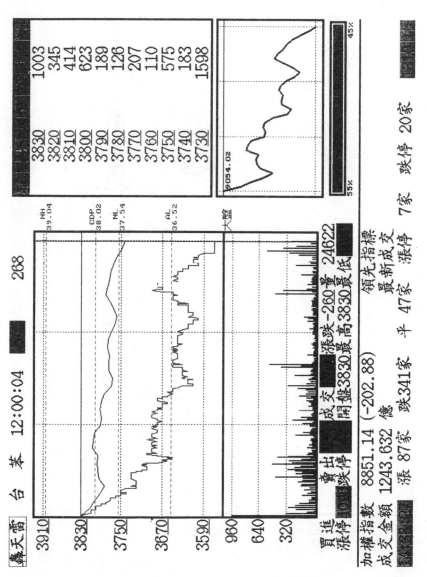

圖五十二　台苯分時走勢圖

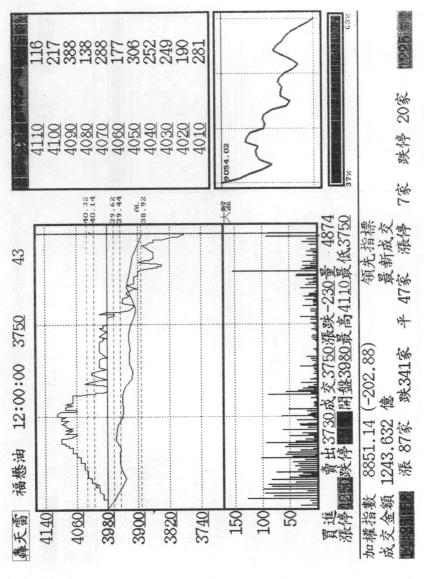

圖五十三 福懋油分時走勢圖

賣出，反而可能進場買入；因此，尾盤殺出大筆賣單的人，顯然非主力莫屬了。

同樣的，一開盤便下跌的股票，除非早盤便見低搶進，眼見時間一分一秒過去股價仍然沒有起色，一般的投資人早就對它死心了；賣之唯恐不及，怎麼可能還買進呢？所以尾盤用大單敲進的人，絕對不是小角色。

依此看來，到了尾盤之初才發動的股票，既然有主力強烈的意願作為推手，改變了原來的趨勢，這個新的行進方向應該不僅可以維持到收盤，可能還可以延續一段時間呢！

尤其是整個族群或類股一起連動，不但聲勢浩大，容易引起市場注目，還可能激發投資人跟進的意願，造成更大的風潮。

如果能掌握到它們發動的訊號，並且適時進行買賣動作，不但獲利可期，而且是馬上見效，完全不會虛耗時間與寶貴的資金。

從個股的分時走勢圖，可以根據 K 線理論與量價關係加以分析，經常能獲得不錯的效果，對於尾盤的發展提供了準確的訊息。

尤其是大成交量出現之處，往往可以窺見主力大戶的想法。

看盤時，若在十點三十分以前突然連續出現巨量成交的股票，都必須列入觀察重點，記下那幾筆成交的價位，並預判其意義，以作為參考。

　　若到尾盤才頻出巨量上漲，不必馬上跟進。應該暫時觀察一下，若直接攻上漲停板就算了。大部分的情況，當短線追價買盤耗竭之後，通常會快速拉回測試支撐，這時才是介入的最佳時機。

　　例如：八十七年四月十三日看盤時，九點四十五分左右，代號2810的高企突然連續出現七、八筆100張以上的成交，甚至高達三、四百張的巨量。成交的價格大都為平盤50元，主力似乎有意力守這個重要的整數關卡。

　　不料，到了十點四十分，又出現兩筆一百餘張的賣單，居然輕易殺破50元，之後50元反而成為重大壓力，數度衝關未果，顯然49.9元與49.8元均為良好作空點。尾盤再度出量，低檔幾乎毫無支撐，以48元長黑收盤。（圖五十四）

　　同一天盤中，代號1453的大將，以小紅開盤之後，隨即被殺到平盤之下游走，一直到十一點三十分都無力翻揚到平盤之上，成交量也適度萎縮。（圖五十五）

　　不過，若將其走勢與大盤指數的分時走勢圖（圖四十九）比較，便發現指數越盤越低，大將的股價低點卻越墊越高。最後二十五分鐘果然出現連續大量而向上急拉；雖然不必追漲，卻可趁拉回時買進，尾盤仍然逆勢收中紅。

　　再追蹤後勢發展，高企從此兵敗如山倒，一路盤低，六月初的低點為31.6元。

　　大將則經過短暫整理之後，於四月二十七日再創波段新高點24.2元。

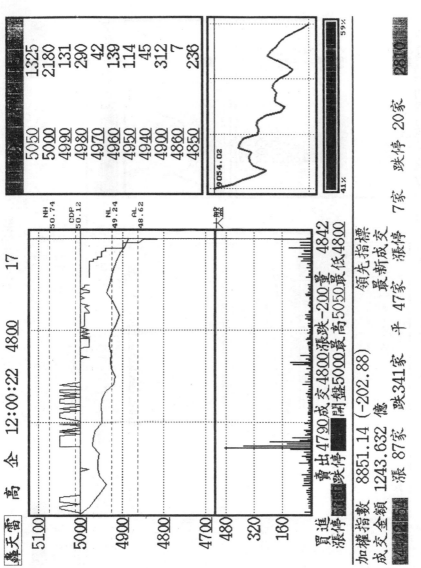

圖五十四　高企分時走勢圖

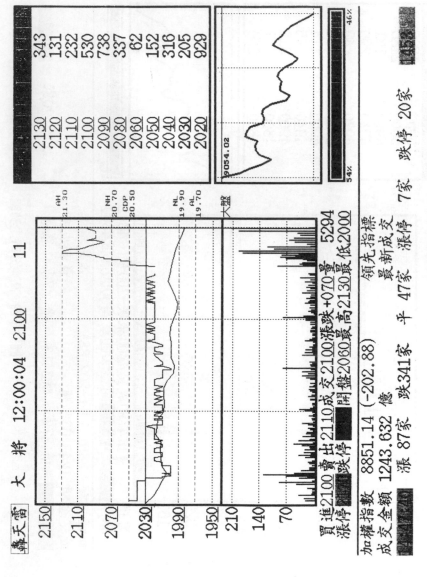

圖五十五 大將分時走勢圖

尾盤較佳買賣時間

有不少投資人很喜歡到尾盤才進行買賣動作，他們認為盤勢到了這個時候已經多空分明。那些股票強？那些股票弱？大都確定不變了；如果擇強作多或是挑弱作空，至少今天不致被逆轉，而且次日很可能還會持續同樣的趨勢，因而進入獲利狀況。

特別是當一個上漲波段進行到尾聲，開始回跌的第一天，或者下跌波段似乎有結束跡象，首日出現反彈時，如果在早盤就進行買賣，通常會面對到盤中的劇烈震盪而膽顫心驚；更嚴重的，萬一逆轉失敗，最後仍然回到原來的漲跌軌道，就會蒙受慘重的損失。

因此，當出現趨勢反轉跡象的第一個交易日，最好等到尾盤，看看支撐與反壓的力道強弱，以及量價配合是否良好？若覺得較有把握才進行買賣動作。

如果是漲跌幅度較大的量增格局，整個趨勢的發動點大約在十一點，然後在十一點三十分左右修正一下，最後再作收盤價；因此，最佳買賣時機不是十一點或臨收盤，而是十一點三十分左右的修正點。

例如：代號2518的長億，於十一點左右成交量暴增急漲，但不須追高，只要於十一點三十分之後靜待拉回時輕鬆買進，尾盤再拉，以最高價收盤。（圖五十六）

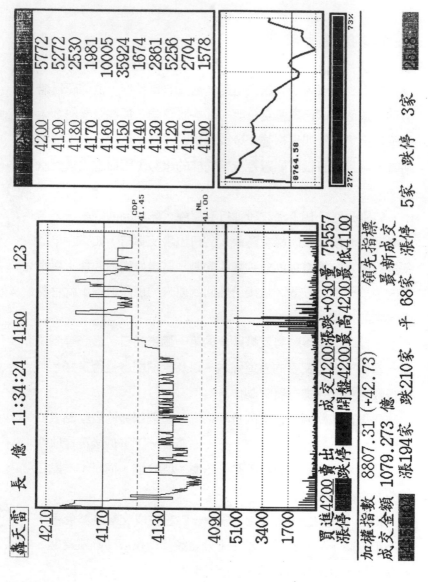

圖五十六　長億分時走勢圖

　　若成交量微增，形成漲跌幅較小的格局，通常會延到十一點三十分才發動，此時較佳買點則落於十一點四十五分拉回修正之時。

　　例如，代號2904的匯僑，若於十一點四十五分時從容買進，尾盤放量大漲，以最高價作收，當天馬上獲利。（圖五十七）

　　要尋找弱勢股作空時也是一樣。例如：代號1309的台達，早盤與中盤都力守平盤29.8元，這個價位也是近兩個月以來的最低價。

　　不料，將近十一點三十分時，29.8元的價位終告不守，短期趨勢正式轉空，可是仍然不必心急，等到十一點四十五分時還有29.8元平盤價位可供賣出（或放空），尾盤果然以最低價29元作收，而且只有賣盤。（圖五十八）

臨收盤前最後五分鐘

　　每個交易日臨收盤之前，盤面的表現總是十分激情，一會兒急拉，一會兒猛殺，令人目不暇給；不到最後一秒鐘，根本無法預知收盤時究竟是什麼情況！

　　證券公司營業櫃檯前人潮洶湧，電話鈴聲響個不停，每位營業員都不斷地接到投資人委託買進賣出的單子。因為有很多人都喜歡拖到最後一刻，才不得不把買賣單遞出去。在這之前，想買的人一直希望能買得更便宜，明明已經跌了半支停

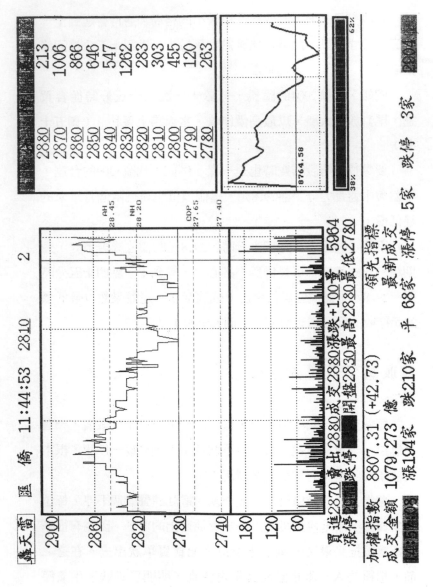

圖五十七　匯僑分時走勢圖

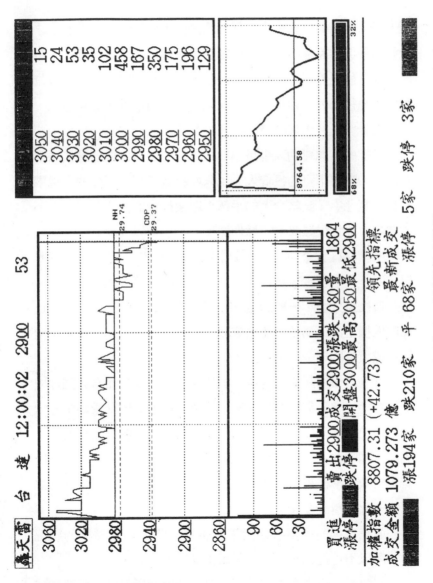

圖五十八　台達分時走勢圖

板，還是繼續等待看會不會眞的跌停板！再等一下，也許剛才看到的最低點還會再出現……在貪婪與猶豫的交織情緒下，時間一分一秒地流逝了。眼看就快收盤，所有想過、看過的價位都成爲過往雲煙，非買不可的人只好用市價敲進，賭賭運氣，不管最後「碰」出來的價格是多少都認了。

同樣的，想賣的人也是由於企圖賣到最高價而遲遲無法下定決心。非賣不可的投資人，也只好將賣單投進尾盤的「電腦輪盤遊戲」中，試試今天的手氣！即使最後賣得的價錢通常不太理想，他也很難改變這種作法。

所謂非買賣不可，主要是指當日沖銷者，或者已買進股票，但是沒有現金，一定要賣出部分持股才可交割的投資人。

最後幾分鐘，一般的證券公司由於負責輸入買賣單的人員面前堆積了滿山滿谷，無法處理完畢，所以經常都只輸入市價委託或大筆的單子。

這些市價委託的買賣單，根據規則具有優先撮合與強迫成交的特性，進入電腦系統之後，馬上以目前的成交價爲中心，強力向上或向下依序「清除」之前申掛而尚未成交的買賣單。因此，越晚輸入的市價單，就越難掌握成交的價格；因爲，所有申掛數量都被清除乾淨的「空檔價位」增多之後，成交價位可能一次跳越許多檔。

眞正高桿的操盤者絕對不會讓自己陷入無法掌握的狀況中，所以不可拖到臨收盤才申掛市價單。

收盤價一般也是由主力來決定。依前面所敍述市價單的成

交價格，乃視其遭遇的限價單而定；因此，主力會提前輸入一些大單，申報價位便是他所設定的收盤價。接著在最後十幾秒鐘，再輸入一張較小的市價買單或賣單（視當時成交價與設定收盤價比較之高低而定），便可以預定的收盤價順利完成最後一筆交易。

第四篇
個股的特殊現象

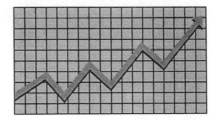

第十二章　強勢股的操作方法

連續大量外盤成交

　　外盤成交是買氣較強的表現，已如前述；以此推論，若見到大量外盤成交，應屬主力太戶敲進之動作；若見到連續多筆之大量外盤成交，則主力不但敲進，而且似乎極端迫切，唯恐買不到股票。

　　因此，盤中若發現連續大量外盤成交，在證券公司營業大廳中經常引起一陣騷動，成為大眾注目與討論的焦點；較衝動、勤於短線操作或喜歡當日沖銷的投資人，甚至馬上前往營業櫃檯遞單，追價買進。

　　這樣的動作對不對？經過長期觀察的結果，只有三分之一的機會真正轉強，買進之後可以短線獲利。

　　其應對方式又可視情況分兩種型態：

　　情況一：以中小紅開盤之後拉回，試測支撐不破；接著出現連續大量外盤成交，股價也扶搖直上。

　　其走勢特色有三：(1)成交價隨著價位區的提高而遞增；(2)價格呈階梯式上漲，一路上幾乎毫無拉回修正；(3)上漲角度陡峭，於二十分鐘之內將價差拉開2％之上。

　　若再留意一下，這種股票大都具有下列特徵之一：(1)線型具有底部型態；(2)重大支撐發揮效果；(3)關前整理結束而進行突破；(4)盤中發布重大利多；(5)發布重大利空，但股價已經先行過度反映，目前正處於低檔。

　　例如：八十七年四月十六日，九點三十分過後，代號2009的第一銅，突然出現大量外盤成交。（圖五十九）

　　經過觀察之後，從分時走勢圖可以發現，上升角度十分陡峭，成交量也逐步遞增，幾分鐘之內價差便已拉開2%以上。（圖六十）

　　再查看技術線型，從日線圖可以發現股價在17元築出 W底，前一日的 K 線出現類似十字線，今日開高留下影線，而且企圖重新站上六日線。（圖六十一）

　　因此印證屬於眞正強勢，必須馬上搶進；果然於十幾分鐘之內便攻上漲停，而且鎖到終場。

　　情況二：早盤曾經下殺再拉上來，這時才出現連續大量外盤成交，一定會遭遇缺乏信心的高檔賣壓兒拉回測試支撐，故不須追高。

　　例如：代號2518的長億，雖然以突破兩個月以來新高的價位開盤，前半盤卻都在低檔盤旋，並從將近十一點左右開始密集出現大量外盤成交，單筆成交量甚至高達3.5千張。（圖六十二）

　　可是推升股價似乎十分吃力，步履蹣跚，因此，不須市價追進；果然，數分鐘之後便告拉回，並測試最大成交量集中的

轟天雷　第一銅　分時價量明細表

時間	買進	賣出	價	量
09:33:07	1760	1770	1770	112
09:33:07	1770	1770	1770	61
09:33:12	1770	1780	1780	37
09:33:12	1770	1780	1780	169
09:34:02	1770	1780	1780	92
09:34:02	1780	1780	1780	51
09:34:07	1780	1790	1780	7
09:34:07	1780	1790	1790	30
09:35:08	1780	1790	1790	126
09:35:08	1790	1790	1790	68
09:35:14	1790	1800	1800	33
09:35:14	1790	1800	1800	82
09:36:26	1800	1800	1800	264
09:36:26	1800	1810	1800	8
09:36:31	1800	1810	1800	23
09:37:54	1800	1810	1810	226
09:37:54	1810	1820	1810	5
09:37:59	1810	1820	1810	

時間	買進	賣出	價	量
09:39:02	1810	1820	1820	35
09:39:02	1820	1830	1820	495
09:39:07	1820	1830	1820	125
09:40:29	1820	1830	1830	25
09:40:29	1830	1840	1830	424
09:40:35	1830	1840	1830	10
09:41:42	1830	1840	1840	43
09:41:42	1830	1840	1840	362
09:41:48	1830	1840	1840	12
09:43:05	1830	1840	1840	32
09:43:05	1840	1840	1840	230
09:43:10	1840	1850	1850	25
09:44:17	1840	1850	1850	31
09:44:17	1850	1850	1850	809
09:44:24	1850	1850	1850	14
09:44:24	1850	1850	1850	10
09:45:27	1850	1850	1850	26

圖五十九　第一銅分時價量明細表

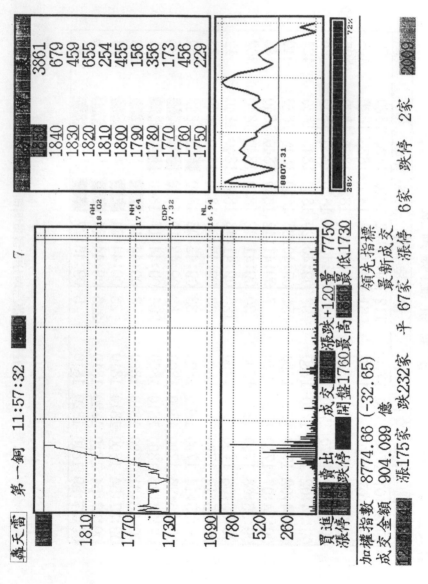

圖六十 第一銅分時走勢圖

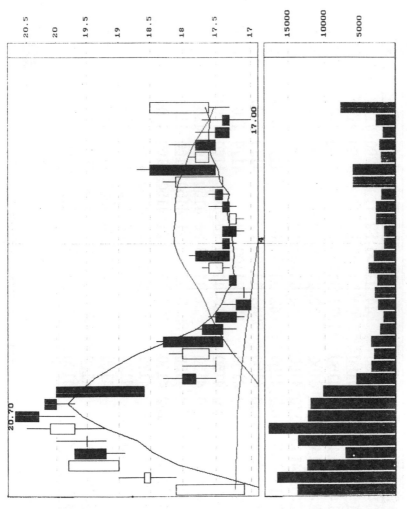

圖六十一　第一銅日線圖

轟天雷　長億　　　分時價量明細表

時間	買進	賣出	價	量	時間	買進	賣出	價	量
11:00:58	4140	4150	4150	44	11:06:52	4190	4200	4190	1027
11:01:55	4140	4150	4150	94	11:06:59	4190	4200	4190	31
11:01:55	4140	4150	4150	1977	11:06:59	4190	4200	4190	25
11:02:01	4140	4150	4150	30	11:08:00	4190	4200	4190	48
11:02:01	4140	4150	4150	44	11:08:00		4190	4190	869
11:03:13	4140	4150	4150	42	11:08:07		4190	4170	44
11:03:13	4140	4150	4150	5348	11:08:07		4170	4170	70
11:03:19	4140	4150	4150	128	11:09:14		4170	4160	13
11:03:19	4140	4150	4150	10	11:09:14	4150	4160	4160	829
11:04:25	4140	4150	4150	21	11:09:20	4150	4160	4160	185
11:04:25	4140	4150	4150	3555	11:10:21	4150	4160	4160	39
11:04:32	4140	4150	4150	160	11:10:21	4150	4160	4160	1253
11:05:39	4150	4170	4170	19	11:10:27	4150	4160	4150	29
11:05:39	4170	4170	4170	399	11:11:44	4150	4160	4160	25
11:05:45	4170	4190	4190	28	11:11:44	4150	4160	4160	25
11:05:45	4190	4190	4190	299	11:11:49	4150	4160	4160	208
11:06:52	4190	4190	4190	31	11:13:01	4150	4160	4150	14
						4150		4150	16

圖六十三　長億分時價量明細表

價位41.5元，結果不破，尾盤蓄意作價，以最高價42元收盤。
（圖六十三）

從分價表可以發現，41.5元這個價位於四月十五日當日即
成交35924張，佔股本之5.25％；故短期內此一價位將發揮重
大支撐效果；萬一跌破則轉爲大壓力，必須小心。

果然次日遭逢指數大殺盤時，長億股價受到波及而拉回
時，亦在碰觸41.5元價位後馬上快速拉高，仍以最高價42.7元
收盤。（圖六十四）

另外三分之二的情形就不太妙了。主力深深瞭解散戶操作
的習性，他知道有不少投資人喜歡跟著大單動作，因此製造誘
多陷阱，達到高價出脫的目的。若遇這種狀況，最好小心應
對。其主要型態大致也分爲兩種情況：

情況三：雖然外盤不斷成交，但是外盤價卻宛若鍋蓋一
般，屢攻不下；好不容易越過之後，股價不但沒有迅速上揚，
新的外盤價卻更沈重，而且成交量沒有遞增，使股價又回到起
攻點，甚至更低。

背後的眞相是，主力先在高價兩個檔位掛了數千張賣單，
再從目前的低價區市價敲進幾筆499張的市價買單，吸引投資
人以市價搶進，造成連續大量外盤成交。

當成交價進入主力預掛的區域時，主力已沒有買單，只剩
下散戶累積的數量，所有成交張數逐漸減少，直到所有買盤耗
盡，股價自然就拉回了。

主力買張少而價低，賣張多而價高，當然十分划算。但是

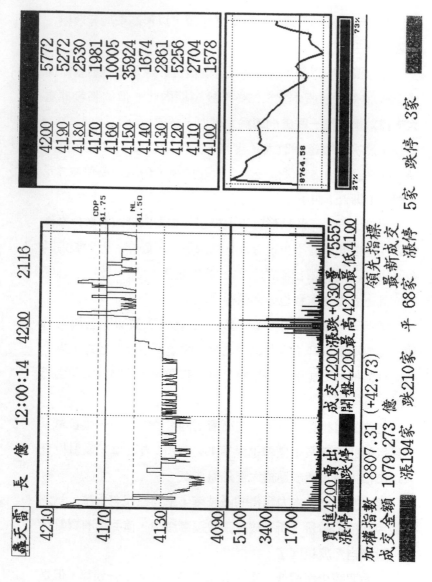

圖六十三　長億分時走勢圖

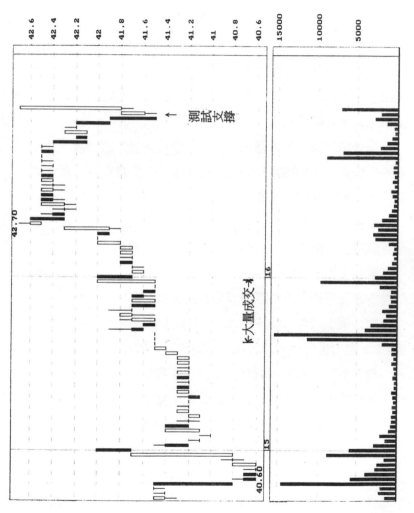

圖六十四 長億五分線圖 (87/04/15~87/04/16)

股價也不見得會馬上一瀉千里，除非主力在高檔出脫很多。

這種情況通常出現於大型股或50元以上的中高價股。

例如：代號2343的精業，於八十七年四月十六日，以小紅開出之後，略事盤整，九點二十分左右從79元開始上漲，並連續出現大量外盤成交。

幾分鐘之後，多方凝聚了三千多張的力量，終於攻下強悍的外盤價80.5元，但是下一道防線81元似乎更難攻克，買力終於耗竭而暫時退守。（圖六十五）

十點三十分多方再發動攻勢，但成交量根本放不出來，表示買氣更弱；無功而返之後，尾盤終於不支倒地。

顯然主力預掛的價位，可能是80.5元與81元各3000張，而敲進的市價單約一千多張都買到79元至80元之間。

從分價表來看，80.5元與81元共成交五千多張，約佔股本的4%，主力借力使力的計謀圓滿達成。（圖六十六）

情況四：主力利用開高盤之後，先賣低下來，吸引當日沖銷者見低搶進，再適時輸入一點買單；或者利用大盤指數拉高時，順勢以一、兩張大買單敲進；這兩種動作，都會造成短暫的連續大量外盤成交。

事實上，主力早就在上面各檔價位分別預掛若干賣單，使搶進者紛紛中獎；等買力耗盡之後，再用大筆市價單將股價殺下來；這種高也賣、低也賣的手法較狠，殺傷力也較大。

呈現在盤面上的狀況，儘管外盤不斷大量成交，股價卻無法連跳數檔，快速上漲；反而是每一毛錢都必須費盡九牛二虎

轟天雷　精業　　分時價量明細表

時間	買進	賣出	價	量
09:23:39	8000	8050	8050	127
09:23:44	8000	8050	8050	1
09:24:46	8000	8050	8050	14
09:24:46	8050		8050	97
09:24:52	8050		8050	20
09:24:52	8050	8100	8050	100
09:25:38	8050	8100	8050	25
09:25:38	8000	8050	8050	100
09:25:43	8000	8050	8050	11
09:26:29	8000	8050	8050	30
09:26:29	8000	8050	8050	356
09:26:35	8000	8050	8050	20
09:27:25	8050		8050	48
09:27:25	8050		8050	144
09:27:30	8050	8100	8100	58
09:27:30	8050	8100	8100	107
09:28:27	8050	8100	8100	31
09:28:27	8050	8100	8100	162
09:28:33	8050	8100	8100	14
09:29:12	8050	8100	8100	16
09:29:12	8050	8100	8100	140
09:29:18	8050	8100	8050	5
09:29:59	8050	8100	8100	32
09:29:59	8050	8100	8100	230
09:30:04	8050	8100	8100	12
09:30:59	8050	8100	8100	19
09:30:59	8050	8100	8100	250
09:31:04	8050	8100	8050	21
09:31:44	8050	8100	8100	15
09:31:44	8050	8100	8100	91
09:32:39	8050	8100	8100	25
09:32:39	8050	8100	8100	65
09:32:44	8050	8100	8100	5
09:33:25	8050	8100	8050	21

圖六十五　精業分時價量明細表

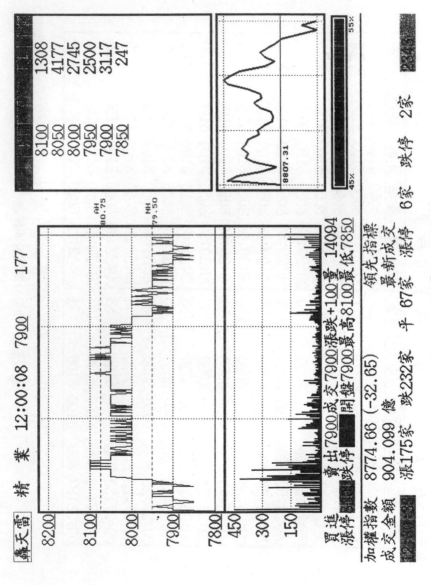

圖六十六　精業分時走勢圖

之力才能克服。當出現一筆最大成交量之後，股價卻倒栽蔥跌了下來，並且馬上拉開一段超過2％的價差，使當日沖銷買進者暫時套在高檔，不願馬上認賠——拖到尾盤，當然只能以市價認賠殺出，成為殺盤的元凶。

這種情況，通常出現於小型、投機的主力股與低價股，尤其是波段漲勢的高檔區。

例如：代號1410的南染，雖然開出小高盤，卻屬於賣出盤，經拉回修正後，買盤進場，並造成大量外盤成交。可惜從48.4元、48.5元、48.6元、每一毛錢都很難翻越。（圖六十七）

九點十五分之後，一筆將近600張的大單成交之後，股價快速下滑到47元之下，一直在低檔盤旋到終場，最後更以長黑收盤。（圖六十八）

顯然主力不只在48.3元之上的高檔賣，甚至不惜壓低出貨，後勢恐不樂觀。

拉尾盤

有些股票，整天的股勢都平淡無奇，只在平盤上下游走，或是維持小紅小黑，震盪幅度不大，成交量也很有限。

不料到了尾盤卻大發神威，股價扶搖直上，成交量也放大了不少。很多早盤就掛在那裡的賣單都糊裡糊塗被吃掉而後悔不已；喜歡追漲的投資人用市價搶進，結果以漲停板買到還喜

轟天雷　南染　　　分時價量明細表

1410

時間	買進	賣出	價	量	時間	買進	賣出	價	量
09:00:30		4830	4830	25	09:09:06		4840	4840	35
09:00:30		4830	4830	459	09:09:06	4840		4840	379
09:01:42		4830	4830	23	09:09:12	4840		4850	31
09:01:47		4810	4800	13	09:10:24	4840	4850	4850	22
09:03:15	4800	4810	4800	18	09:10:24	4840	4850	4850	491
09:03:15		4780	4800	22	09:10:29	4840	4850	4850	8
09:03:21		4780	4760	22	09:11:41	4840	4850	4850	81
09:03:21		4760	4760	21	09:11:41	4840	4850	4850	380
09:04:43	4780		4760	40	09:11:47	4840	4850	4850	30
09:04:43	4780		4800	16	09:12:49	4840	4850	4850	91
09:04:48	4800		4820	43	09:12:49	4840	4850	4850	425
09:06:11	4820		4820	58	09:13:51	4840	4850	4850	76
09:06:11	4820		4840	199	09:13:51	4850		4850	262
09:06:16		4840	4840	330	09:13:56	4850	4860	4860	34
09:06:16		4840	4840	30	09:13:56	4850	4860	4860	26
09:07:34		4840	4840	304	09:15:09	4850	4860	4860	50
09:07:34		4840	4840	12	09:15:09	4850	4860	4860	575

圖六十七　南染分時價量明細表

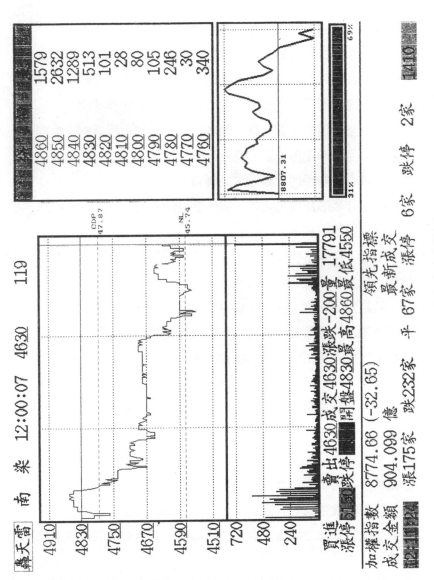

圖六十八　南染分時走勢圖

不自勝，認為第二天仍然會繼續大漲。

會出手去拉尾盤的人，當然是一手有錢，一手有股票的主力大戶。強拉尾盤，可能必須吃進許多籌碼，所費不貲；而且他手中一定握有不少這種股票，否則沒事拉抬它作什麼？

拉尾盤的目的，首先就是向散戶宣示：這檔股票有主力在照顧，而且尚未跑掉（至少到今天為止還沒有完全出脫），你們大可放心，空手的人歡迎來共襄盛舉。

除了鼓勵散戶買進之外，另一個目的就是拉高之後明天才有較好的價錢可賣。

不過，拉尾盤也表示主力心虛；他可能財力稍弱，怕有人對作，或者不願意吃進太多籌碼。

若是光明正大，在早盤或中盤時便展現強力作多的決心，可能會遭逢許多解套與獲利的賣壓，被迫買進大量股票。尾盤偷襲則可以避免正面交鋒的機會，使持股者即使想賣也措手不及。

另有一種拉尾盤的原因，是股價在低檔長期盤整，累積了不少成交量。若在盤中發動，恐怕惹來太大賣壓；用偷襲的方式將價位突然拉高一段差距，將增添持股者的信心，使他們願意繼續抱牢而不輕易賣出。

尾盤作價啟動的時間越早，主力的企圖心就越強烈，如果是到最後五分鐘才偷拉，表示他越心虛，對後勢的看法就應該保守。

收盤時若能漲停關門當然是最好，至少也應保持叫進盤而

且以最高價作收；有時雖然收最高價，卻是賣出盤，表示高檔有大筆賣張，主力作價買單無法消化，次日或許不會開太高。

有時買進價已提高到20.8元，無賣出價，成交價卻停留於20.3元收盤，這是因為從20.4元到20.8元都沒有賣張所致。因此有經驗的主力都會先在上面每一檔價都預先掛出一、兩張，尾盤發動時再掛進一筆大買張，一路掃上去，只要時間與買力足夠，便可直搗黃龍，以最高價收盤。

強拉尾盤從發動到結束這段時間所耗費的成交量，當然是越大越好，但是至少也必須佔當日成交量30％以上才有意義。

基本上，除非經過長期盤整首次發動，對於拉尾盤的股票，最好不要隨意搶進，看次日開盤狀況如何再作定奪不遲。

例如：代號1722的台肥，於八十七年四月十五日的盤中，大都維持70元到71.5元的小紅狀態，成交量也不大。到了十一點四十五分，突然頻頻出現數百張的大量，強力拉抬股價，僅僅花費三、四分鐘便攻上漲停板，並鎖死直到終場。（**圖六十九、圖七十**）

反應最快的投資人，若在十一點四十七分追進，可能還不一定買得到。運氣好的話，也是買到漲停板74元。

結果怎麼樣呢？次日台肥卻以下跌五毛錢，73.5元開盤，全天最高價是平盤74元，收盤為最低價72元，下跌2元。（**圖七十一**）

當天尾盤搶進，慶幸買到股票的人，滿懷發財的美夢入睡；萬萬想不到第二天馬上破滅，換來另一場噩夢！

轟天雷　台肥　分時價量明細表

時間	買進	賣出	價	量
11:37:58	7000	7050	7000	14
11:38:03	7000	7050	7050	3
11:39:14	7000	7050	7000	28
11:39:14	7000	7050	7000	1
11:39:19	7000	7050	7050	6
11:39:19	7000	7050	7000	5
11:40:16	7000	7050	7050	13
11:41:12	7000	7050	7050	4
11:41:12	7000	7050	7000	3
11:41:18	7000	7050	7050	19
11:42:19	7000	7050	7050	32
11:42:19	7000	7050	7050	5
11:42:25	7000	7050	7000	24
11:43:21	7000	7050	7050	77
11:43:21	7000	7050	7050	9
11:43:27	7050	7100	7100	6
11:43:27	7050	7100	7100	20

時間	買進	賣出	價	量
11:44:33	7050	7100	7100	237
11:44:39	7050	7100	7100	4
11:45:46	7050	7100	7100	16
11:45:46	7100		7100	120
11:45:51	7100		7200	10
00:00:00				
11:46:59	7100	7200	7200	281
11:46:59	7200		7200	427
11:47:05	7200		7250	16
11:47:05	7200	7250	7250	113
11:48:07	7200	7250	7250	14
11:48:07	7250	7250	7250	654
11:48:12	7250		7350	23
11:48:12	7250	7350	7350	858
11:49:26	7250	7400	7400	28
11:49:26	7400	7400	7400	479
11:49:33	7400		7400	7

1/22

圖六十九　台肥分時價量明細表

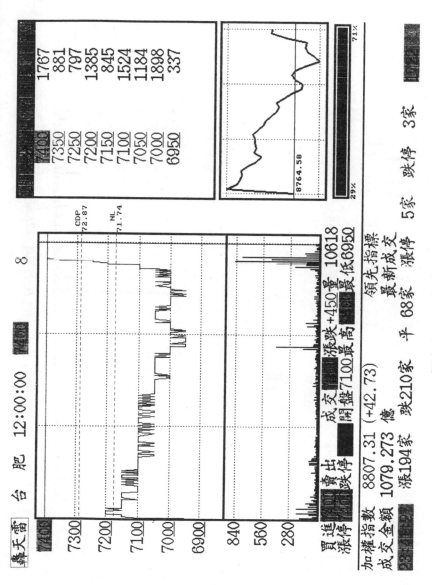

圖七十 台肥分時走勢圖

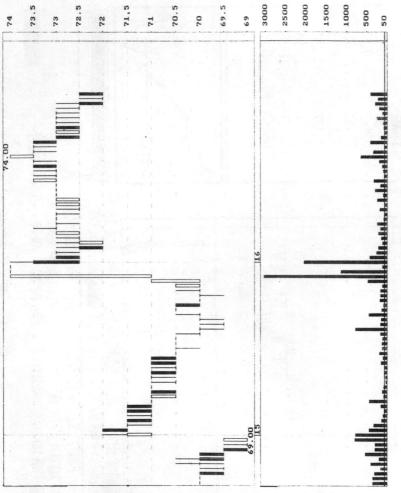

圖七十一　台肥五分線圖 (87/04/15～87/04/16)

盤中出現急拉

在看盤的過程中，投資人最喜歡看到的就是主力進場，鎖定一檔個股，用強大的買盤將上檔申掛的賣張一一消化，呈現在盤面上的現象則是一路叫進，成交價則不斷上揚。

這種現象往往能夠振奮作多的投資人，使他們對未來的走勢充滿信心而勇於進場買進。

例如：代號9914的美利達，於八十七年四月十六日早盤便出現兩波段的強力拉升。

其中第二波大約於九點十二分，從39元一路叫進。您若想要搶進，在九點十五分左右輸入市價買進單，當時成交價雖為39.3元，但不知尚有多少市價買進單尚未成交，您只好排在他們後面。

結果，前面的買單依續消化了39.5元、39.7元、39.9元、40.1元的賣出單，輪到您成交時可能是漲停價40.2元了。

九點十七分時累積的市價單已經全部成交；四分鐘後以外盤叫進者也消化完畢，改由賣方掌控局面，變成一路叫出盤。

其實這時候才是買進的好時機；不但可以限價委託，價錢較低，而且買得輕鬆愉快。（圖七十二）

如果從當天的分時走勢圖來看，操作手法高明的人，甚至可以在十點左右買到39元；最後仍以漲停板收盤。不過，這也也要憑幾分運氣。（圖七十三）

轟天雷　美利達　分時價量明細表

時間	買進	賣出	價	量
09:15:11	3930	3930	3930	178
09:15:16	3930	3950	3950	94
09:16:28	3950	3970	3970	70
09:16:28	3970	3970	3970	449
09:16:33	3970	3990	3990	58
09:16:33	3990	3990	3990	14
09:17:30	3990	4010	4010	65
09:17:30	4010	4010	4010	291
09:17:35	4010	■	■	56
09:17:35	4000	■	■	302
09:18:52	4000	■	■	39
09:18:52	4000	■	■	466
09:18:59	4000	■	■	19
09:20:06	4000	■	■	23
09:20:06	4000	■	■	145
09:20:11	4000	■	4000	1
09:21:08	4000	■	■	18
09:21:08	4010	■	■	204
09:21:13	4010	■	4010	13
09:22:10	4010	■	4010	14
09:22:10		4010	4010	42
09:22:15		4010	4000	12
09:23:22		3980	3980	19
09:23:22	3990		3980	38
09:23:27	3990		4000	43
09:23:27		4000	4000	110
09:24:34		4000	4000	17
09:24:34		3980	4000	68
09:25:51		3960	3940	13
09:25:51		3940	3940	2
09:25:56		3940	3930	21
09:25:56	3930		3930	22
09:26:47	3930		3930	36
09:26:47	3930		3930	19

圖七十二　美利達分時價量明細表

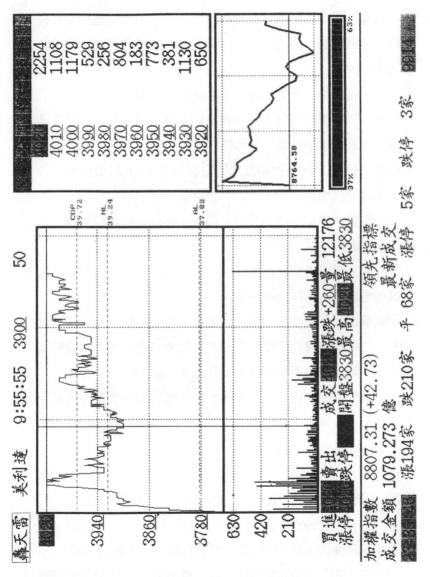

圖七十三 美利達分時走勢圖

　　因此，盤中出現急拉走勢的股票，不必馬上搶進。尤其在一路叫進盤時絕不可以市價委託買入，才能避免買到令自己後悔的價格。

　　反而是見到一路賣出盤時，才適於以市價敲進。

　　另外一個方法則是暫時不理會它，直到看見最高價位拉回之後才以限價申掛買進，價格為回檔二分之一之處。如前例的美利達，從38.3元拉到40.2元，拉回修正一半的價位為39.2元，果然可以順利買到。

　　如果盤中出現急拉的股票，正好面臨挑戰關鍵價位時，其操作與應對方法又不一樣。

　　首先，看看上檔反壓的程度如何？一般來說，該價位或壓力線碰觸越多次，壓力就越重。

　　挑戰重大反壓當然需要大成交量，壓力越重，所需的量就越多。如果量能沒有明顯放大，通常都會無功而返；即使勉強突破一、兩檔，也會形成假突破而迅速拉回。

　　如果量價配合得宜，用重兵順利突破之後，也很少就此平步青雲，直搗黃龍；通常都會拉回，幾度試測關鍵價位是否已由壓力轉變為支撐。

　　因此，根本不需在盤中急拉時搶進，等到突破之後拉回測試時，再用關鍵價位上面一檔的限價單去承接即可。

　　例如：代號1905的華紙，於八十七年四月十六日之前，半個月曾經四度攻抵20.2元的價位都遭到壓回。（**圖七十四**）

　　十六日當天以小高盤開出之後，從九點三十分左右便連續

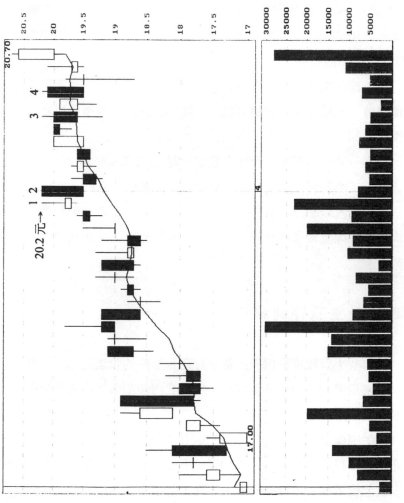

圖七十四　華紙日線圖

出現300張以上的大買單，急拉股價，再度攻關。結果，在幾筆將近1000張的超大買單推升之下，終於挑戰成功，正式跨越20.2元的險阻難關。

依據前文的分析，投資人當然不必用市價敲進，也不需追價搶買，只要以高於關鍵價位上一檔的20.3元，限價申掛買進委託單即可。

從分時走勢圖可以發現，股價曾數度回檔試測20.2元的支撐不破，尾盤再拉高，以20.6元收盤。（圖七十五）

投資人以20.3元申掛的限價買單，當然百分之百輕鬆獲得成交，短線呈現獲利狀況，而且確實掌握到剛剛突破反壓的強勢股。

連續跳空漲停的飆漲股

有些小型股或投機股，當主力買到足夠的股票之後，往往以跳空漲停的方式，連續飆漲，幾天之內便創造了令人羨慕的漲幅。

手中握有這種股票，每天的財富都增加7％，賺錢賺得不亦樂乎，是股票族夢寐以求的事。不過，股票往往都是怎麼上去就怎麼下來；直線飆漲的主力股，如果無法掌握高點及時落袋為安，一旦漲勢衰竭回跌下來，大都是無量重挫，求售無門。

投資人眼看樓起樓塌，抱著上去享受紙上富貴，又抱著下

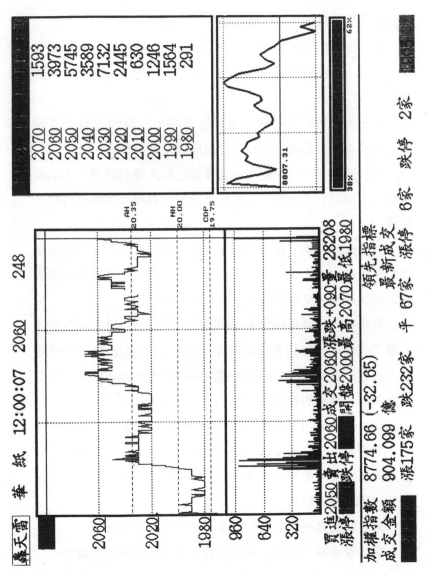

圖七十五　華紙分時走勢圖

來轉眼成空，宛若作了一場春夢。

　　主力股打的是籌碼戰，訴求的重點在市面上流通籌碼稀少；因此，對於價格方面不宜預設立場，只需注意成交量的變化即可。

　　在拉出漲停的第一天，通常已歷經大段時間的盤跌或整理，持股者解套心濃，所以往往出現較大的成交量。

　　第二天再漲停，短期內買進者都已進入獲利狀況，中期套牢者也大都回到成本區，或許會遭逢雙重賣壓而保持相當的成交量。

　　從第三天開始，在主力鎖定籌碼，強力作多之下，經常呈現無量飆漲的情況；一開盤就跳空漲停，由於已經拉出大幅價差，因此全場成交疏疏落落，一直鎖到收盤。

　　有些股票經過長期盤整，時間超過三個月以上，甚至長達八個月的橫盤，持股者早就不耐殺出，主力也吸進了大量籌碼，因此只要拉出第二根漲停就遠離持股者的成本區，所以馬上進入無量飆漲的狀況。

　　口袋裡裝著這種飆馬股是千載難逢，可遇不可求的好運道，有些生性保守的投資人玩了一輩子股票也碰不到幾次。在價格方面千萬不要預設立場，估計高點將落於何處？才能賺足整個波段的龐大利潤。

　　只要成交量沒有異常的現象，持股都可以續抱。

　　首先要準備一份成交量分析表，分別記錄每天的資料：

1.開盤量。

2.每五分鐘成交量、單筆最大量，以及累計成交量。

3.當日總成交量。

這份表格應該逐日比對；當開盤量突然比前一個交易日放大五倍以上，或同一時段的單筆最大量增多超過三倍，或累計成交量較前日同一時間暴增十倍，即使不馬上賣光股票，至少也必須先出脫一半再說。

此外，對於本波底部最大成交量，以及上一波段最高量都要瞭若指掌；如果發現累計成交量逐漸接近時，就必須斷然獲利出場。

賣股票時不可以用市價委託，萬一正好碰到主力敲出一筆大單打開漲停，一路往下賣完之後您接在後面，就會不幸成交到超低價。最好的方法是以漲停板之下一、兩檔的價格限價掛出，若漲停板未打開仍可優先以漲停價成交；若漲停打開，或許仍有機會依限價賣出。

如果漲停板被打開，變成只有一路掛出盤；這時千萬不能馬上用市價追殺。通常第一波殺盤都不會一下子跌到盤下，大部分都是殺到平盤左右便強勁反彈，轉變成一路掛進盤。

這時才是次佳的賣點，可以用當時的買進價掛出；也可以平盤價加2％，限價申掛，大致都有賣出去的機會。如果第一波殺到盤下，也會再拉上來測試平盤的反壓，這時則可以平盤之下一檔限價申掛。

　　萬一賣出之後股價最後仍然漲停收盤，也不必覺得可惜，畢竟獲利已十分豐碩，應該知足了。難道做人一定要賺盡天下的錢嗎？而且股票這麼多，為什麼不再另尋標的，從事一段嶄新的挖寶旅程呢？

　　例如：代號9923的鼎營，經過一年多的盤整之後，從八十七年二月十八日早盤攻上漲停板之後，連續三天都是跳空漲停，鎖到終場。每天開盤量不到200張，每五分鐘成交量都在100張之下，單筆張數很少超過10張。

　　到了二月二十三日，開盤就四百多張，接著又連續出現多筆超過50張的賣單；細心的投資人至少已先出脫一半了。不到九點四分，雖然漲停仍未打開，但累計成交量已經快超越前一日總成交量，這時最好馬上賣出。

　　果然出大量後漲停打開，並下殺破平盤，這時若未及賣出，仍可以平盤下一檔47.7元掛出，還是順利出脫，獲利依然超過三成。（圖七十六）

新上市股票

　　新上市的股票通常都會有一段跳空漲停的飆漲，稱為「蜜月期」。

　　除非在上市承銷時申購中籤，或者在未上市時向盤商先行購買，否則蜜月期的飆漲根本與您無關。而且飆漲期間每日成交大都只有一張，完全買不到；等到成交量放出來，追價者紛

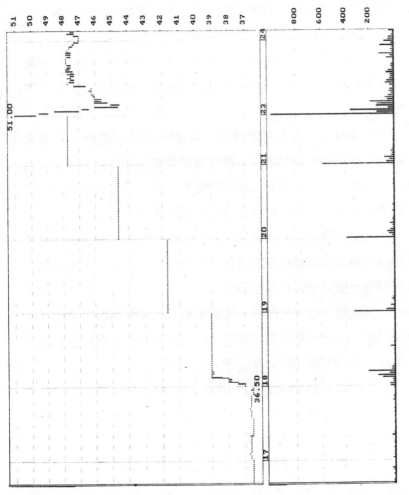

圖七十六 鼎僑五分線圖 (87/02/17～87/02/23)

紛中獎時，往往就是歡樂假期結束之日，買到的人都被套牢；因此，我認為投資人不應該用漲停板去搶新上市股。

不過，有不少的新上市股票，當蜜月期結束之後，只要歷經一段時間的整理，又會再度向上大漲，一般都稱之為「二度蜜月」。

二度蜜月，人人都能參與；只要利用拉回盤整的機會買進，行情又如預期般啟動，便可享受到飆漲的快感。

什麼樣的股票容易出現二度蜜月？我認為具有以下這些特點者較有機會，而且符合之處越多越有希望。

㈠生不逢時：上市時正好碰到指數大跌的空頭趨勢，或者類股面臨大幅回檔修正的時機，受到拖累而匆匆結束蜜月期，甚至連什麼叫做蜜月都不知道。

㈡投錯娘胎：上市時，所屬的類股正好受到市場冷落而表現欠佳，既然父母與兄姊都乏人照顧，小老弟當然也是「爺爺不疼，奶奶不愛」的歹命兒了。

㈢體質不錯：新上市的股票，如果具有特殊的優點，例如：土地資產豐厚、配股優渥、業績成長……等，而且目前股價與條件類似的公司相比顯然偏低。

㈣擁有籌碼的優勢：蜜月期間單日最大成交量沒有超過股本的5%。尤其是股本低於15億的小型股，或具有董監事改選題材的公司。

以上四個條件，後兩項屬於積極條件，符合者很快便可以等到二度蜜月行情。前兩項屬於消極條件，主要的著眼點在

於：蜜月期表現不佳，主力無法出脫籌碼；因此等到情況好轉，他一定會把握機會好好補作一波大行情，以便釋出持股，不過時間較難把握。

　　例如：電子類股在八十六年氣勢如虹，從年初到八月底大漲兩倍，個股漲幅超過四倍者比比皆是。但是從八月二十七日最高點378點拉回修正的幅度也十分驚人，整理的時間也一直拖長到八十七年一月中旬。（圖七十七）

　　代號2367的燿華電子於八十六年十二月初以75元掛牌上市，生不逢時，磨磨蹭蹭地漲到88元便結束了蜜月期，漲幅僅17.3％

　　不過，燿華是印刷電路板的專業廠商，八十六年度 ESP 約3.6元，業績優良而且未來成長性看好，股本又只有14億元，與同性質的華通相比顯然十分委屈。

　　故於八十七年一月中旬拉回承銷價75元之後，即配合整體電子類股的大反彈，展開光彩奪目的二度蜜月行情，大漲將近一倍，到達145元。（圖七十八）

　　又如：代號2616的山隆通運，於八十六年十一月上旬以29元掛牌上市，正好碰到大盤表現欠佳，又屬於非主流的運輸類股，根本無法吸引投資人關愛的眼神；只好自生自滅，蜜月期只有一天，小漲一下便迅速拉回，跌破承銷價，在26元多鬼混。

　　但是山隆股本僅4.71億元，屬於超小型股，又擁有土地資產，而且單日成交量最多只有1200多張，距離5％的2300張仍

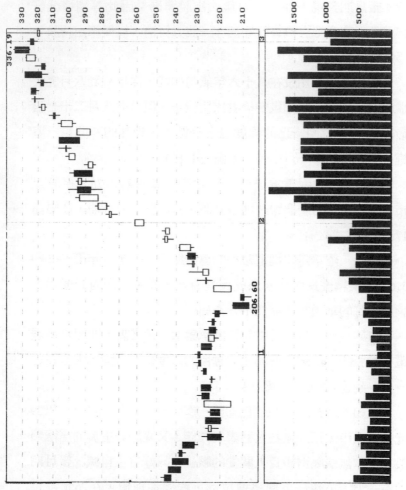

圖七十七　電子類股日線圖

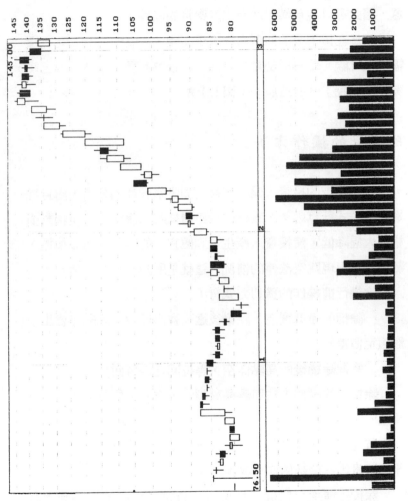

圖七十八　燿華日線圖 (86/12~87/02)

遠，因此可以說具備了所有二度蜜月的條件。

　　果然在接下來的四個月中表現亮麗，一路盤升到45元，漲幅也很可觀。單日成交量也有四天超過2300張，顯然主力已順勢獲利出脫了一些持股。（圖七十九）

除權股的操作方法

　　台灣股市的投資人偏好配發高額股票股利的公司，而且經過除權公式計算之後，股票的相對價格雖然沒變，但是絕對價格卻大幅降低，使投資人產生了「便宜」的印象而勇於搶進，於是經常出現跳空漲停的情況，這就是所謂「除權行情」。

　　除權行情操作的獲利方式有：

　　㈠除權前逢低買進，除權後逢高賣出母股，或融券賣出子股鎖定價差。

　　㈡掌握除權後的高點作空，等拉回之後再回補。

　　除權股的操作方法與飆漲股類似，成交量是最重要的觀察重點。

　　首先查出除權股前六日最大量，七十二日最大量與上市以來的天量等三個數值作爲參考。

　　除權行情進行期間，只要成交量遠低於以上三個參考數值，大致都沒有什麼問題。

　　不過，如果超過其中之一、兩個數值，手中的母股就一定要先走，甚至融券鎖定子股的價差。

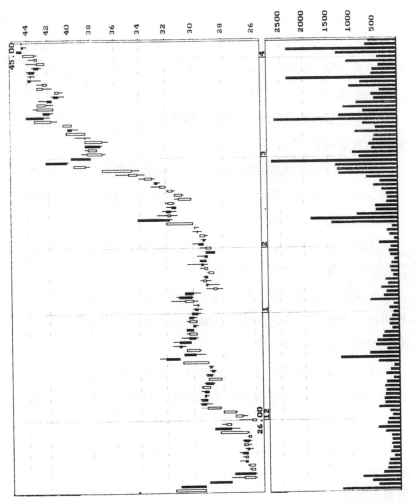

圖七十九 山隆日線圖 (86/11~87/04)

　　萬一創下歷史天量就是作空的良機了。

　　若等到收盤再根據成交量來決定操作策略，當然是來不及；因此在盤中隨時都應預先估計當天總成交量的多寡，作為進出的考量因素。

　　有一個實用而有效的方法可以操作除權股，但是您必須具備信用交易帳戶。

　　如果一開盤就跳空漲停關門，一直到九點五分，第一盤累計的成交量，並未超過前一交易日第一盤成交量的五倍，您便以市價融資掛進一個單位。

　　所謂一個「單位」，就是將您預計操作該檔股票總數量的四分之一；譬如，您總共想買40張，每一單位即為10張。

　　如果在九點三十分之前便成交回報，可以馬上融券賣出三個單位；十點十五分之前成交則融券兩個單位；十一點之前成交先當日沖銷，融券一個單位。

　　當累計成交量超過七十二日內最大量時，可以再融券一個單位；萬一突破歷史天量時，融券的總張數可以達到五個單位。

　　如果十一點之後才成交，量能又沒有異常，就可以繼續持有多頭部位。次一個交易日則照樣實施此一策略，直到買滿四個單位為止。

　　手中持有的多頭部位，若當日掛進單於十一點之前成交回報，應該馬上以市價全部出脫。

　　例如：代號2311的日月光，於八十七年四月二十日進行第

一天除權。經查其六日最大量爲52025張，七十二日最大量爲61930張，歷史天量爲100210張。

該股以跳空漲停開出，筆者於九點五分融資掛進5張；結果於九點二十多分便獲得成交回報，而且累計成交量已超越六日與七十二日的最大量，因此共計融券賣出四個單位共20張。

到十點十幾分時累計成交量突破原先歷史天量，於是再融券賣出5張。

總計融資買進5張，融券賣出25張，價格均爲漲停板價113.5元；扣除當日沖銷買賣各5張之後，淨賣出20張。

最後總成交張數高達185353張，佔股本的18.5％，個股成交金額共計208億元，爲台灣股市有史以來單一個股成交金額的最高紀錄。（圖八十）

高檔出現歷史天量表示長期籌碼鬆動，就算短期仍有高點，中期仍將退回來，該價位通常會成爲最重大的反壓區。

收盤的結果，日月光最後以平盤106.5元作收。高檔套牢一大缸子，光漲停板113.5元便成交了12萬多張，想必會成爲中期不易突破的障礙。（圖八十一）

後來日月光果然一路盤跌，到六月初最低已達到66元，價差將近50元。

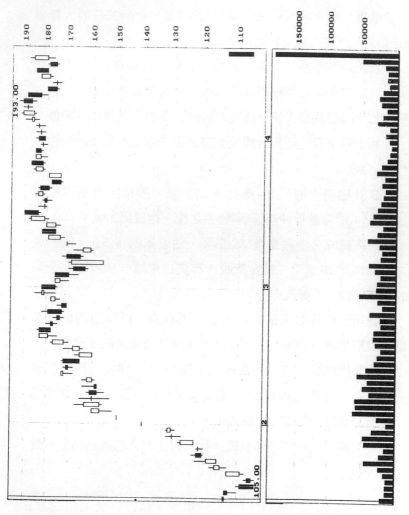

圖八十 日月光日線圖

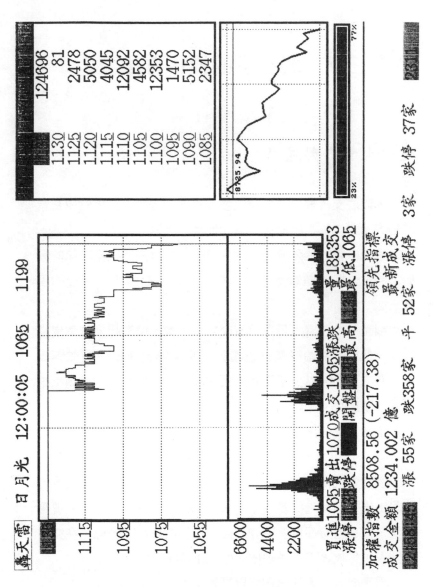

圖八十一　日月光分時走勢圖

第十三章　弱勢股的操作方法

連續大量內盤成交

內盤成交代表賣方力道較強；那麼，連續大量內盤成交豈不是表示空方重兵出擊，將使股價產生下跌？

經過多年的觀察分析，我發現連續大量內盤成交之後的發展，共可分為四種類型，以下將一一介紹並解析其背後的因素。

類型一：連續大量內盤成交之下，賣出價看起來雖然岌岌可危，但空方卻始終無法越雷池一步；等到賣壓逐漸減輕以後，多方只用一點少量便將股價往上推升，使空方的籌碼都被低價洗了出來。

這種情況，出現的機率大約為10%，而且通常是小型股居多。

例如：代號2302的麗正，早盤以小高盤49.8元開出之後，隨即出現連續大量內盤成交；49.6元的內盤價雖然看起來賣壓沈重，似乎隨時都可能不守；但是仔細觀察便可發現，在空方大批人馬猛攻之下，多頭依然屹立不搖。

經過統計，每分鐘內盤賣壓如下：

九點二分：141張。

九點三分：180張。

九點五分：159張。

九點六分：513張。

九點七分：294張。

九點八分：215張。

賣方力道顯然轉弱，無法再擴張；這時多方僅用100張就扭轉劣勢，輕易攻陷空方的陣地，從九點九分開始便掌握了戰局。（圖八十二）

類似這種情況，通常會再拉回測試一下就會翻揚上攻，此時即為最佳介入時機。

結果，麗正於九點二十分又碰觸一下49.6元，馬上攻到高檔震盪，尾盤則拉上漲停板，以52元作收。（圖八十三）

其道理不難瞭解，主力開平高盤之後，先在49.6元掛上大量買單再以兩、三百張的市價單殺出，讓投資人認為即將開高走低而跟著殺股票，主力一網兜盡。拉上高檔震盪時，主力可以輕易將早盤低進的籌碼逢高拋出，當日沖銷小賺一筆，尾盤收最高又有利於次日再玩弄手法。

類型二：中大型股的籌碼較多，持股的人較分散，主力若想進行上述的動作時就必須高明一點，手續也繁雜了不少。

首先，他必須選擇一般價格區域，在三、四檔價位先掛上一些買單，其中預定的鐵板價買張最多。接著便用多筆大量市價單殺出，吸引眾多散戶跟著砍殺；但是也會有一些人習慣逢

轟天富　麗正　分時價量明細表

時間	買進	賣出	價	量
09:00:43		4980	4980	24
09:00:43	4960	4980	4980	231
09:01:43	4960	4980	4980	27
09:01:43	4960	4980	4980	56
09:01:49	4960	4980	4980	2
09:01:49	4960	4980	4960	64
09:02:30	4960	4980	4960	67
09:02:30	4960	4970	4960	10
09:02:36	4960	4970	4960	26
09:03:53		4960	4960	124
09:03:53	4960	4970	4960	30
09:03:58	4960	4970	4970	36
09:05:05	4960	4970	4960	121
09:05:05	4960	4970	4960	2
09:05:10	4960	4970	4960	109
09:06:17	4960	4970	4960	378
09:06:17	4960	4970	4960	195
09:06:23	4960	4970	4960	26
09:07:25	4960	4970	4960	42
09:07:25	4960	4970	4960	205
09:07:30	4960	4970	4960	47
09:08:22	4960	4970	4960	20
09:08:22	4960	4970	4960	195
09:08:27	4960	4970	4970	5
09:09:32	4960	4970	4970	39
09:09:32	4970	4970	4970	56
09:09:37	4970		4990	52
09:09:37	4970	4990	4990	8
09:10:39	4970	4990	4990	53
09:10:39	4990	4990	4990	53
09:10:45	4990	4990	5000	59
09:10:45		5000	5000	68
09:11:36		5000	5000	20
09:11:36		5000	5000	195
09:11:41		5000	5000	45

圖八十二　麗正分時價量明細表

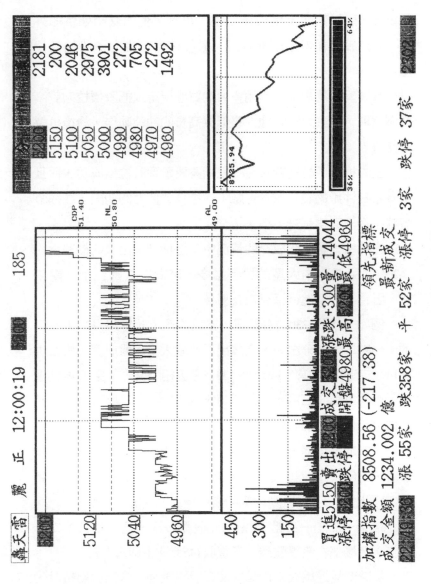

圖八十三　麗正分時走勢圖

低買進，所以盤面上呈現多空拼鬥激烈，惟內盤明顯多於外盤，於是股價緩慢地節節敗退，最後停留於主力預設的價位上。

當賣盤衰竭之後，不用多大的買盤便可以把股價拉回到高檔價位區，使主力輕鬆地從事低買高賣的沖銷動作，最後再拉高作收。

主力根本不必耗費資金，就能夠將重型股拉抬成功，而且還有當日沖銷的額外價差可賺；這種借力使力的功夫，往往令短線帽客兩面挨耳光，損失不貲。

在連續大量內盤成交的情況中，這種結果出現的機率大約為20%；通常以中大型的股票居多，時間則大都在十一點以後，因為若太早進行深恐夜長夢多。

例如：代號2330的台積電，於民國八十七年四月二十一日的十一點二十五分左右，突然出現連續大量內盤成交，股價也從140.5元節節敗退，140元、139.5元也相際失守，空方集結重兵，以單筆兩、三百張，甚至高達592張的大單猛烈轟擊139元的價位，仍然無功而返。

多方趁虛突襲，總共只用了大約600張的量便將空方完全擊潰，不但快速收復失土，甚至掌握勝局，四分鐘內便攻到141元，比當初空方發動攻擊的價位還高。（圖八十四）

結果，二十一日當天以142元收盤，次一個交易日（二十二日）全場都在高檔盤旋，最後收145元。（圖八十五）

當時若見連續大量內盤成交而看壞後勢，倉皇拋出持股，

轟天雷　台積電　分時價量明細表

時間	買進	賣出	價	量
11:27:10	1395	1400	1395	56
11:27:10		1395	1395	96
11:27:16		1395	1390	12
11:27:16	1390	1395	1390	50
11:27:58	1390	1395	1390	15
11:27:58	1390	1395	1390	239
11:28:03	1390	1395	1390	14
11:29:06	1390	1395	1395	12
11:29:06	1390	1395	1390	300
11:29:12	1390	1395	1390	16
11:29:12	1395		1395	13
11:29:59	1395		1395	10
11:29:59		1395	1395	82
11:30:05		1395	1390	23
11:30:05	1390	1395	1390	82

時間	買進	賣出	價	量
11:30:58	1390	1395	1390	14
11:30:58	1390	1395	1390	592
11:31:04	1390	1395	1395	11
11:31:57	1395	1400	1395	18
11:31:57	1395	1400	1395	96
11:32:02	1395	1400	1400	16
11:33:14	1395	1400	1400	22
11:33:14	1395	1400	1400	365
11:33:21	1395	1400	1400	22
11:33:21	1400	1405	1400	39
11:34:18	1400	1405	1400	14
11:34:18	1400		1405	58
11:34:24	1405	1405	1405	11
11:34:24	1405	1410	1410	95
11:35:25	1400	1410	1405	13

加權指數　8434.73　(-73.83)
成交金額　1396.447　億
漲　78家　跌351家　平　35家

領先指標
最新成交
漲停　4家　跌停　19家

圖八十四　台積電分時價量明細表

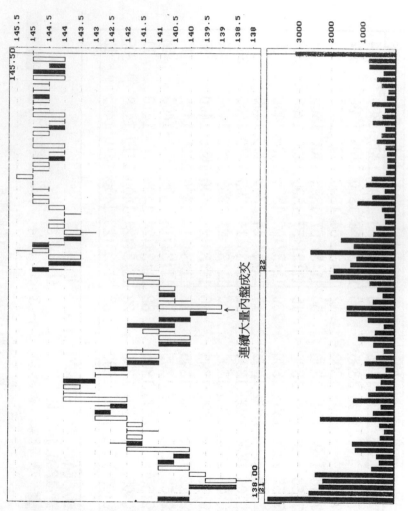

圖八十五 台積電五分線圖

連續大量內盤成交

結果都被主力大網收走，豈不是賣到波股低點？

　　類型三：另有一種情況，其出現機率只有大約5%，較爲罕見，通常都以主力或投機股爲主。

　　盤面上呈現詭異的現象，外盤成交的都是小量，較大的單子卻均以內盤成交，大戶似乎站在賣方，可是股價卻呈現階梯式上漲。

　　這種情況，背後的眞相是散戶瘋狂追價，其原因有時是被市場氣氛所感染，有時是整體類股連動的結果，大多數則是因爲主力連續多日刻意塑造「拉尾盤」的刻板印象所致。

　　不過，當一般投資人勇於搶進之際，主力卻成爲籌碼的供應者，趁高出脫。

　　而且，次一個交易日，主力大都會繼續逢高獲利出場。

　　因此，這時切忌追高搶進；就算不作空，也絕對不宜站在買方。尤其是主力投機股，波段漲勢進入高檔之後，這種技倆很容易出現。

　　例如：代號9914的美利達，於八十七年四月中下旬，每天都拉尾盤，而且搶進者隔天均有高點可以獲利出脫。（圖八十六）

　　到了四月二十日，開高走平再拉高，十一點四十五五分又殺下來；這時一般投資人又習慣性搶進，果然又形成階梯式上漲，似乎「拉尾盤」又將重演。

　　不過，盤面上卻透露出與平常不一樣的氣息，外盤成交的單子都在30張以下，較大筆的成交單，如一、兩百張，甚至

轟天雷　美利達　分時價量明細表

時間	買進	賣出	價	量	時間	買進	賣出	價	量
11:49:36	4620	4630	4620	13	11:56:17	4620	4630	4630	2
11:49:36		4620	4620	28	11:57:41	4620	4630	4630	10
11:49:42		4620	4620	3	11:57:41	4630	4640	4630	239
11:51:00	4620		4620	33	11:57:47	4630	4640	4640	21
11:51:00		4620	4620	23	11:59:37	4640		4650	29
11:52:07	4610	4620	4610	30	11:59:37	4650	4660	4650	758
11:52:07	4610	4620	4610	45	11:59:44	4650	4660	4660	5
11:53:30	4610	4620	4620	19	12:00:13	4660		4680	63
11:53:30	4620	4630	4620	100	12:00:13	4680		4680	32
11:53:36	4620	4630	4610	28					
11:54:53		4620	4610	38					
11:54:53	4610	4630	4610	111					
11:54:59	4610	4630	4610	10					
11:56:11	4610	4630	4620	41					
11:56:11	4620	4630	4620	85					

加權指數　8508.56　(-217.38)　　領先指標

成交金額　1234.002 億　　　　　　最新成交

派 55家　跌358家　平 52家　漲停 3家　跌停 37家

圖八十六　美利達分時價量明細表

758張的大單，卻均以內盤成交；可是股價非但不跌，反而緩步推升，最後仍以相對高價46.8元收盤。（圖八十七）

其實，這一個波段美利達是從20元起漲，幅度已經不小；十八日開平走低，主力稍一出貨，股價馬上重挫到幾乎跌停板，只好設計這一局，將出貨日往後延，逢高分批賣出。

二十日開高之後，一直在平盤上震盪，出貨尚稱順暢，尾盤幾筆大單都是用限價掛出。不但順利出脫，而且製造出隔天拉高繼續賣股票的機會。

類型四：除了以上三種情形，出現的機率大約共佔35％之外，所有連續大量內盤成交的狀況，大多數都馬上造成股價不斷下滑，甚至展開一個下跌波段走勢。

尤其是技術面或消息面出現下列訊息時。

1.波段漲勢趨緩，但成交量卻大幅擴增。

2.高檔震盪整理一段時間。

3.上升楔形或三角整理進行到末端。

4.股價正好位於重大的支撐點或壓力點。

5.實質利空發布。

6.利多出盡。

因此，如果發現連續大量內盤成交的情況，又正好適合以上各種訊息之一時，手中的多單應該先行出脫。

例如：代號2303的聯電，於八十七年四月十八日尾盤急攻到70元，碰觸到短期下降壓力線而強力拉回，以68.5元收盤，

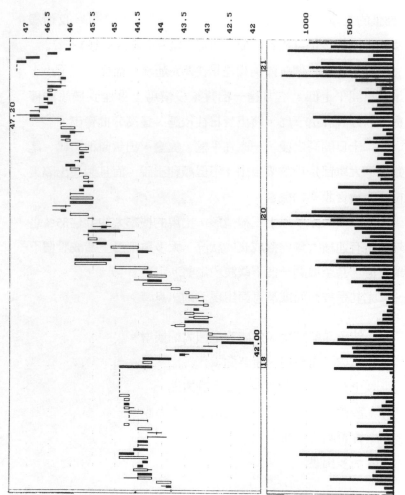

圖八十七 美利達五分線圖

仍然屬於當日相對高檔，上漲2元。

　　不料，次一交易日卻開平走低，前半盤大致都在67元到68元之間遊走。到了十點二十分，突然連續出現大量內盤成交，甚至有高達單筆八、九百張的大單摜壓，表示空方力道甚強。（圖八十八）

　　股價無法承受沈重賣壓，只好以階梯式往下調整，每次退守5毛錢；最後十分鐘，失望性賣壓傾巢而出，加上當日沖銷者不計價追殺，呈現急挫而以跌停板64元作收。（圖八十九）

殺尾盤

　　有些股票，一開盤就展現強勢，盤中也曾數度帶量上攻，但都無功而返；不過，股價每次拉回都獲得支撐。

　　雖然大半場均無力突破上面的鍋蓋，但底部的鐵板似乎也很堅實，而且股價都維持在平盤之上遊走，仍然屬於強勢股。

　　不料，到了尾盤卻出現了變化，幾筆看起來毫不起眼的小賣單，居然將堅守了兩個多小時的鐵板價輕易殺破，而且從此一瀉千里，終於以最低價收盤。

　　殺尾盤，所代表的意義通常都是這檔股票暫時沒有主力介入；或者主力出脫殆盡，持股不多，所以無意照拂。

　　由於缺乏主力，散戶纏鬥了半天分不出勝負，最後，見強搶進的當日沖銷者眼看獲利無望，只好市價殺出；再加上持股者不耐久盤也加入空方陣營，才造成殺尾盤的局面。

聯電　分時價量明細表

時間	買進	賣出	價	量	時間	買進	賣出	價	量
10:19:48	6700	6750	6700	95	10:24:02	6700	6750	6700	22
10:20:22	6700	6750	6700	46	10:24:02	6700	6750	6700	285
10:20:22	6700	6750	6700	179	10:24:08	6700	6750	6700	4
10:20:28	6700	6750	6700	2	10:24:36	6700	6750	6700	13
10:21:28	6700	6750	6700	17	10:24:36		6700	6700	490
10:21:28	6700	6750	6700	898	10:24:43		6700	6700	33
10:21:35	6700	6750	6700	21	10:24:43	6700		6700	18
10:21:35	6700	6750	6700	26	10:25:37	6700		6700	19
10:22:13	6700	6750	6700	20	10:25:37		6700	6700	35
10:22:13	6700	6750	6700	801	10:25:42		6700	6650	171
10:22:20	6700	6750	6700	34	10:25:42	6650	6700	6650	384
10:22:57	6700	6750	6700	26	10:26:22	6650	6700	6700	72
10:22:57	6700	6750	6700	148	10:26:22	6650	6700	6700	335
10:23:03	6700	6750	6700	28	10:26:28	6650	6700	6700	29
10:23:03	6700	6750	6700	23	10:26:28	6650	6700	6700	96

2303

加權指數　8508.56　(-217.38)
成交金額　1234.002　億
領先指標
最新成交
派 55家　跌358家　平 52家　漲停 3家　跌停 37家

圖八十八　聯電分時價量明細表

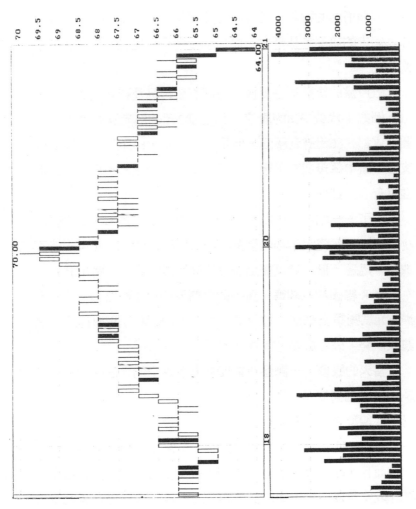

圖八十九　聯電五分線圖

這種情況的特色，從分時走勢圖來看，除了早盤與尾盤之外，盤中的成交量都不大，而且十分平均：尾盤的量又多於早盤。

散戶盤的後勢不易捉摸，最好不要輕易進行多空的動作。

例如：代號2328的廣宇，以上漲2元的85元開盤之後，企圖上攻都在86元遭到壓回，但是略一下跌，84元又呈現堅實的支撐。盤中每筆成交張數大都只是二、三十張的小單子，顯然並沒有「大腳仔」介入。

到了十一點四十分左右，突然出現幾筆也是二、三十張的小賣單，居然將大半場的堅實防線84元輕易跌跛，使多頭潰不成軍，迅速下滑，竟以賣出盤82元最低價作收。（圖九十）

從K線圖加以觀察，廣宇的股價於前波下跌之後，在84元與85元試圖築出雙底，並反彈到101元；接著再度進行另一個波段跌勢，破底於76元獲得支撐。

當天的股價，一開盤便首度站上下跌中的六日平均線，可是卻碰觸到前波W底的低點位置，通常不易一次就成功；不過，從線型來看並不排除再度叩關的機會。

多空不明，當然不宜貿然出手。（圖九十一）

而且，從分價表來看，最後的殺盤價位由83.5元到82元，累計成交量僅佔當天總成交量四分之一弱，因此無法證明空方的絕對優勢。

殺尾盤的股票，如果正好符合下列的條件，就可能是波段漲勢結束，即將進行一段跌勢。符合條件越多者，其可能性越

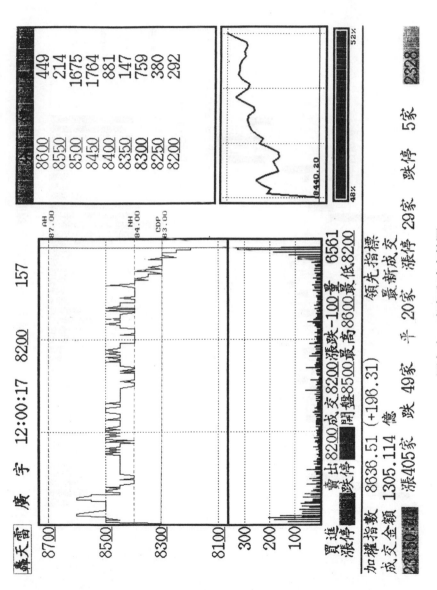

圖九十　廣宇分時走勢圖

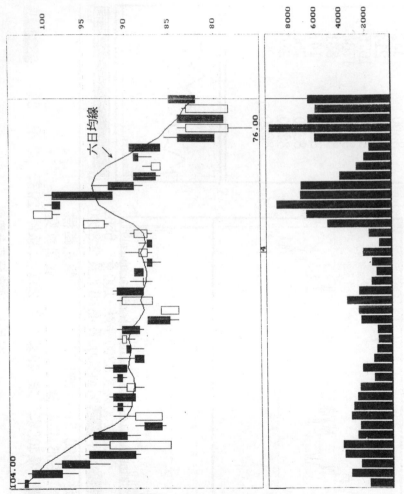

六日均線

104.00

100
95
90
85
80

76.00

8000
6000
4000
2000

圖九十一　廣宇日線圖

大。

1.波段上漲已歷經一段時間，股價位於高檔。

2.股價面臨重大壓力或跌破重要支撐區。

3.當天個股成交量為三個月中最大量，甚至是歷史天量。

4.當天股價振幅超過7％，而且以最低價作收。

5.殺尾盤期間累計成交量佔當日總量超過25％。

這種情況，手中的多單應該毫不猶豫出清，甚至可以考慮適量作空。

例如：代號1224的惠勝，於八十七年四月二十四日，以小高盤開出之後即一路盤堅，並在十點十分左右攻上漲停，隨後就關門鎖住，再創波段新高點。

不料，十一點四十分之後，突然出現一筆800多張的空前大賣單，將漲停打開，並且帶動一陣大量急殺，最後以30.1元賣出價作收，勉強守住平盤。（**圖九十二**）

再看 K 線圖，波段的漲勢已進行很久，最後這一小波從22元急速噴出正好八天；盤中漲停板價32.2元也正好是底部價格19.9元的1.618倍

成交量方面，速續四天的週轉率都超過10％，尤其是二十四日這一天，高達17701張的成交量，佔股本的18.65％，為歷史的天量。（**圖九十三**）

當天股價最高是漲停板32.2元，最低是平盤30.1元，振幅剛好7％，而且收盤是30.1元賣出盤，差一點收更低的價格。

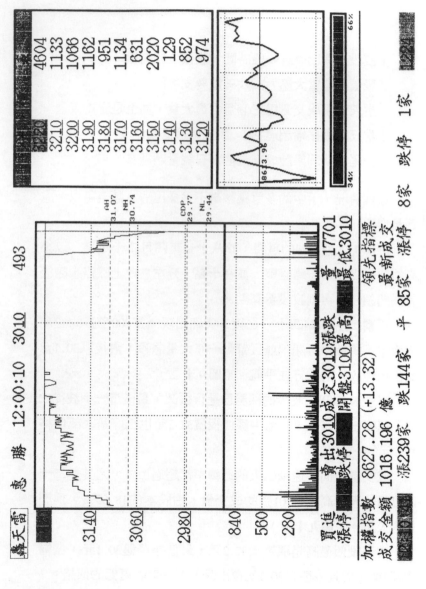

圖九十二 惠勝分時走勢圖

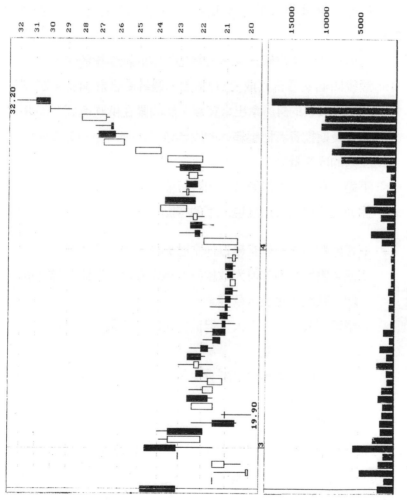

圖九十三 惠勝日線圖

殺尾盤期間累計的成交量四千多張，約佔當日總量的
25%。

各種不利因素齊聚一堂，當然是作空的絕佳標的了。

最後四個交易日共成交51256張，週轉率合計54%。四天
之內，所有股票的54%拿出來買賣，試問誰在供應籌碼？除非
大股東與長期投資者把壓箱底的股票也搬出來，否則怎麼會出
現這麼大的成交量呢？

不過，有些主力偶爾會利用殺尾盤來清洗浮額。

盤面上的現象可以發現以下的特點：

1. 殺尾盤的次一個交易日通常都開高，量卻不大。
2. 盤中震盪劇烈，但大致維持「漲時量增，跌時量縮」的
   配合狀況，呈現出草叢量。
3. 尾盤下殺時量也不大，但最後幾筆殺到最低價時卻承接
   有力而出現大量。
4. 殺尾盤的現象雖然不斷發生，股價卻低檔有限。
5. 清洗浮額期間，每天成交量緩慢遞增；但動作完畢向上
   攻堅之後，成交量反而先萎縮再放大。
6. K線圖上，中線呈現整理型態，尤其以高檔整理時出現
   的機率遠大於低檔盤底期。

當殺尾盤出現，又具有上述特色時，不但不宜跟著作空，
反而可以考慮作多。

例如：代號2315的神達，於八十七年第一季由三十多元大

漲到85元，拉回到六、七十元之間進行高檔整理。

四月中旬，從十五日到二十日共五個交易日，包括十五日、十六日、十七日、二十日都是殺尾盤，而且除了十六日之外均以最低價作收。

開盤的狀況，除了十七日之外，都是以高盤開出。

盤中大致呈現草叢量，而且經常冒出比開盤量更大的成交量。除了十八日尾盤量縮急漲之外，每天尾盤都出現當日最大量。

到二十一日十一點又似乎要再演殺盤，股價節節下滑；不料最後半小時卻強力拉升，以次高價收盤。

二十二日則直接跳空站上壓力區，頗有結束整理的味道。（圖九十四）

Ｋ線圖上透露的型態，似乎是一個十分完整的頭肩底，只差突破76元的頸線而已。

從十五日到二十二日，成交量緩慢遞增，既不會太小，更不致放大過速，量價配合十分完美。（圖九十五）

盤中急殺

投資人最不願意見到的景象，就是自己手中握有的股票，在盤中如水銀瀉地一般狂跌；電視牆上揭示的是一路掛出而沒有買盤，成交價節節下落，使投資人心慌意亂，不知如何是好！

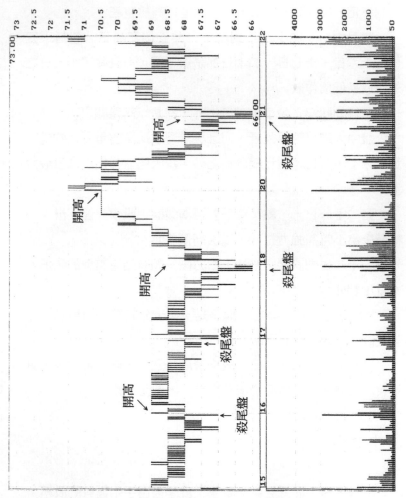

圖九十四　神達五分線圖

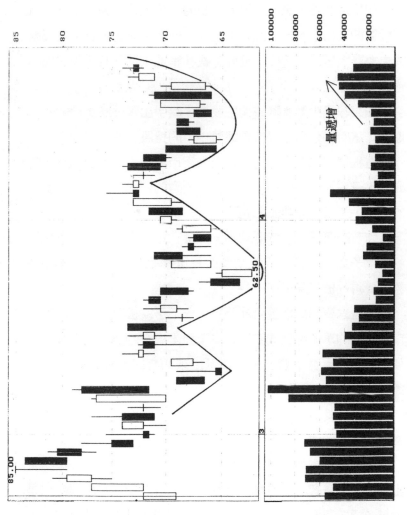

圖九十五　神達日線圖

如果這種盤中急殺是屬於類股的集體現象，甚至是遍及所有股票的全面追殺，情況就不太妙，極有可能是實質利空襲擊或主力群大撤退所造成；最好趁跌勢稍戢小反彈時，先退場觀望或適量作空。

如果只是少數族群或個別股票，盤中出現一路掛出的急跌走勢，這時切忌馬上以市價追殺手中的持股，或進行放空。

這種情況的發生，通常是有人用市價掛出大量賣出單，將許多小筆買單一一吃掉；這位造成問題的仁兄，能夠有這麼大的手筆，想必一定非主力莫屬。

您若跟著追殺，依照規矩當然排在這位大爺後面。等到他的大單子賣完，已經將較高價的買單都吃光了；輪到您的時候，賣得的價錢又低了一些。

而且您賣出的數量可能不多，一下子就被買走；這時所有市價掛出的單子都已成交，只剩下尚未成交的買盤。再加上逢低搶進的市價買單遞進來，揭示出來的資訊反而變成一路掛進。

其實，就算真心想要退場觀望，也應該在這時才掛單委託賣出，才能夠成交到比較好的價錢。

而且，股市中爾虞我詐，虛實莫辨。主力利用大筆申掛賣出造成盤中急殺，有時候固然是真正進行出貨；有時候卻只是虛晃一招，目的乃是引蛇出洞，以便洗掉搭轎的短線帽客。

表五是盤中出現急殺走勢，每一段時期加以觀察，以分析究竟屬於出貨還是洗盤狀況的要領。

表五　盤中急殺狀況分析表

觀察點	出貨現象	洗盤現象
急殺期間	成交量大增	成交量微增
最後殺盤	量縮造成反彈	大量承接
反彈期	量能無法放大	量能遞增
反彈高點	無法接觸急殺段起點	至少可碰觸急殺段起點
拉回修正	反彈期間拉回時數度回探低點	拉回修正碰觸低點頂多一次，若未再碰觸低點表示洗盤成功，有機會再創今日新高
分時走勢	反彈之後呈現箱形走勢	反彈之後底部越墊越高，呈現盤堅走勢
尾盤	帶量急殺	持平或拉高
當天成交量	放大（經常超過六日均量一倍以上）	除非進入波段跌勢末端必須帶量反攻，否則僅適度擴增

　　除了以上的重點，K線圖上六日均線與二十四日均線也必須特別注意。

　　例如：代號2532的尖美，盤中九點五十分從53.5元急殺到51.5元，成交量都沒有特別變化；反彈到53元之間量反而萎縮。

　　近十一點時一筆大單將股價再拉回51.5元，此後即在52元與51.5元兩檔之間跳上跳下，尾盤漸漸出量，直接打到跌停板51元，並鎖死收盤。（圖九十六）

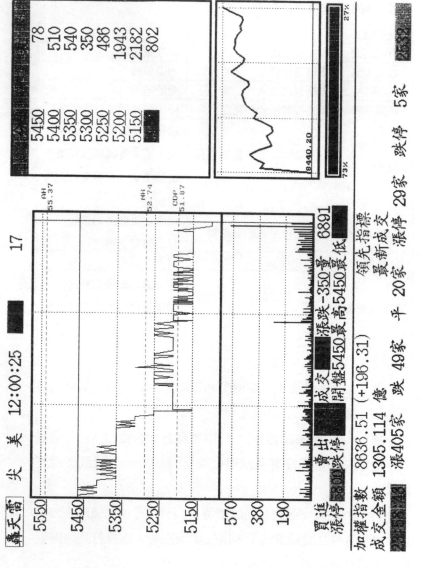

圖九十六 尖美分時走勢圖

　　從 K 線圖觀察，尖美正進行 C 波下跌，六日均線是上檔第一道蓋頭反壓，顯然主力早已出貨。

　　不過，依 A 波68元跌到55.5元，共下跌12.5元等幅測量，B 波反彈高點61.5元，預計49元便有滿足止跌的可能；而且重挫之後量先縮再逐步擴增，已初步透露築底的訊息，因此不宜再過度偏空。

　　量能若再遞增到10000張以上，收盤又翻上六日均線，可注意逢低作多的機會。（圖九十七）

　　又如：代號2362的藍天，開平高之後，早盤便帶量急殺，跌到85元低檔因量縮反彈，可惜因量無法放大而數度拉回測試85元的支撐力道。

　　之後則一直在平盤87元到85.5之間箱型震盪，量始終不大；尾盤放量再殺，仍以最低價85元收盤。（圖九十八）

　　再觀察其 K 線圖，當日成交量為近期最大量，卻呈現帶上影線的實體黑棒。主要的原因是當日最高點88元，已碰觸到一個月之前的上波低點。

　　而且股價自79元觸底反彈，馬上陷入六日均線的糾纏之中，勢必拉長整理期間，使二十四日均線稍微走平之後才較有上攻機會。另外，短線量能暴增過速，表示主力站在賣方，籌碼並不穩；所以接著又是兩根黑棒，股價也拉回整理。（圖九十九）

　　又如：代號1701的中化，開高之後量能不繼，九點三十五分開始，一陣急殺到只差4毛錢就跌停板；這時突然出現大量

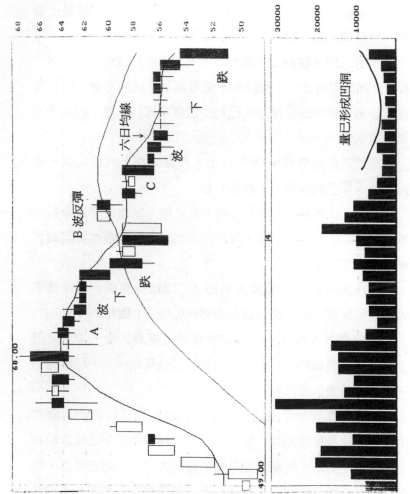

圖九十七　尖美日線圖

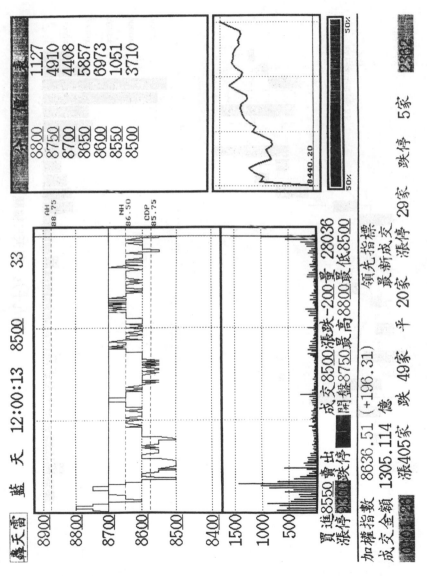

圖九十八　藍天分時走勢圖

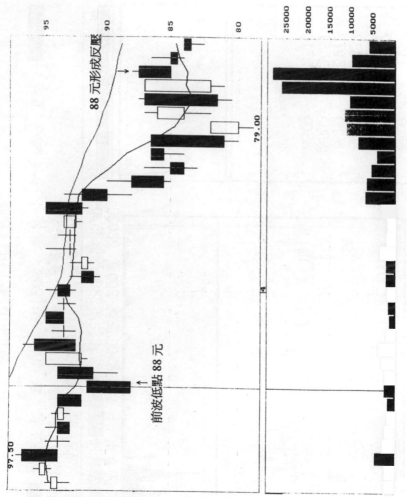

圖九十九　藍天日線圖

承接的買盤，將股價以三個波段向上推升。

　　在上攻的過程中，不但低點越墊越高，成交量也不斷擴增；由於量價配合完美，不但收復了早盤的失土，更創了當天的新高點。

　　尾盤在拉回不破平盤之下，最後以次高點46.2元收盤，大漲1.3元。（圖一○○）

　　從K線圖中可以發現，中化是一檔超級弱勢股，不但早已跌破六日均線，而且乖離甚大。

　　前一日的K線收跳空的倒T型，而且帶量，照理說是一種弱勢線型；可是當天卻能開高，似乎主力已有著墨的痕跡。

　　早盤的下殺，量卻萎縮，到了低點才爆出大量承接，利用最後殺盤清洗浮額的意圖太明顯了。

　　因此，盤中拉回均為買點；果然，K線收帶長下影線的紅棒，而且是底部區第四根大量，只等待突破六日均線確立底部而已。（圖一○一）

　　又如：代號1453的大將，開平高之後，量小表示追價無力，馬上引來一陣猛烈的下跌，將股價從平盤20.4元追殺到19.5元；一路上都沒有什麼成交量，直至低檔才突然冒出一大堆單筆200張以上的買單，狠狠地吃飽喝足之後，股價才呈現階梯式緩步回升。

　　反彈最高點雖然回到起跌的平盤20.4元，但是幾經震盪，還是只能以20.2元收盤，小跌0.2元。（圖一○二）

　　從K線圖的觀察，大將在上漲一段時間之後，由於六日

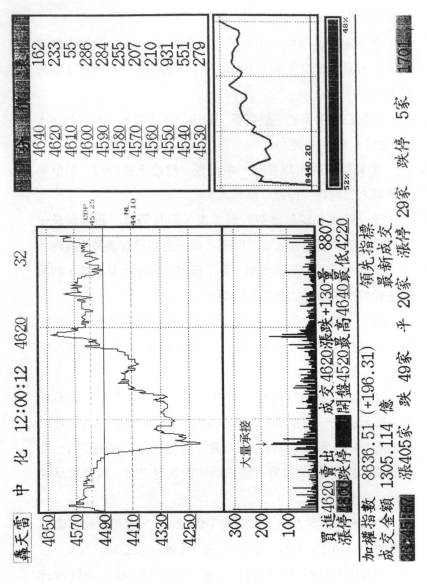

圖一○○ 中化分時走勢圖

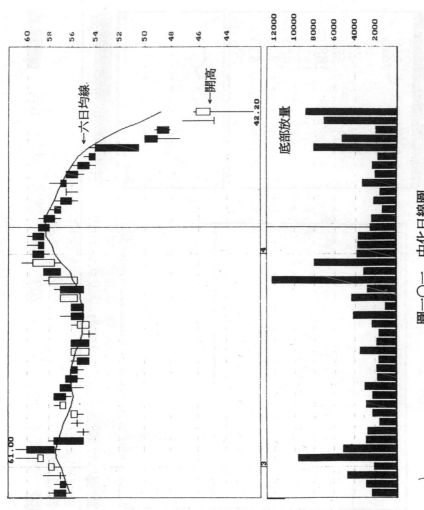

圖一〇一 中化日線圖

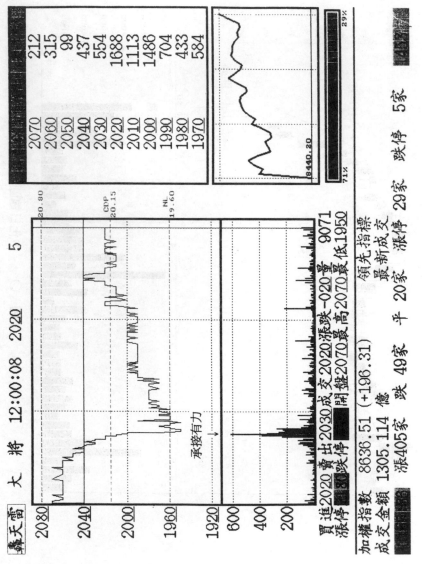

圖一○二 大將分時走勢圖

均線與二十四日均線開口太大而影響漲升力道，使股價暫時在六日均線上下遊走，等待二十四日均線持續揚升接近。

同時，這一個波段從17.2元漲到21.9元，若回檔修正二分之一，應落於19.5元，也接近二十四日均線的位置。

因此，主力利用盤中急殺進行洗盤，低價也十分巧妙地落於19.5元；接著兩天都以長紅直接進行攻擊，表示洗盤策略圓滿達成任務。（圖一〇三）

連續跳空跌停的崩盤股

有些小型的投機股或主力股，上揚時連續跳空漲停，下挫時也是連續跳空跌停，而且成交量都不大。

漲的時候買不到，跌的時候賣不掉；這種特色使它們潛藏著無窮的利潤與巨大的風險。

這種「單行道」的走勢，形成的最大原因是主力鎖定籌碼之後的結果。上漲的高點，端視主力何時將籌碼散出而定；同樣的，從高點崩落下來時，由於基本面缺乏支撐，股價脫離本質太多，鮮少有人敢出手承接，才會呈現連續無量重挫的局面；這時，唯有主力感覺股價落差已足，再度進場吸收籌碼，方能力挽狂瀾。

因此，面對每天都連續跳空跌停的崩盤，若想獲得超跌之後的利潤，觀察成交量的變化是最有效的方法。從開盤量、每五分鐘成交量、單筆最大量與預估全日總成交量等，都必須密

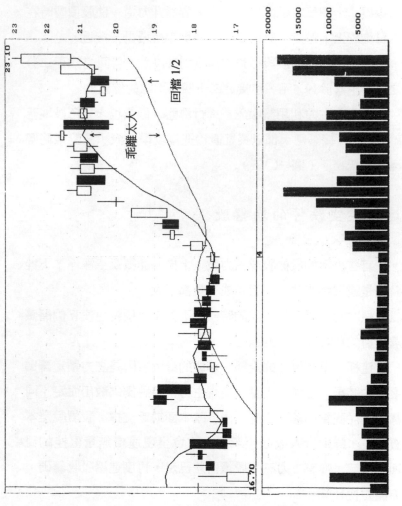

回檔 1/2

乖離太大

圖一〇三　大將日線圖

切注意，只要發現明顯放大的趨勢，便可以適量買進，以免錯失良機。

　　另外有一種實用有效的方法，若該股符合信用交易資格或借得到股票，可在九點五分以市價委託放空一張；只要一獲得成交回報，就馬上反手買進（數量視個人財力與投機性格強弱而定），如果到十一點仍未成交則取消賣單。

　　這種策略每天都可實施，直到它已經不再跳空跌停爲止。

　　例如：代號1306的合發，從八十六年十一月的20.1元開始呈現波段上漲，到八十七年三月十一日飆升到285元的天價，十二日開盤不久就殺到跌停板，並鎖死到終場。之後連續三天都跳空跌停，成交量分別爲：

　　三月十二日，189張。

　　三月十三日，97張。

　　三月十六日，41張。

　　三月十七日，58張。

　　三月十八日雖然也是跳空跌停，但到九點五分已經成交403張，並打開跌停，十分鐘之後攻上漲停板，當天價差高達14%（圖一○四）

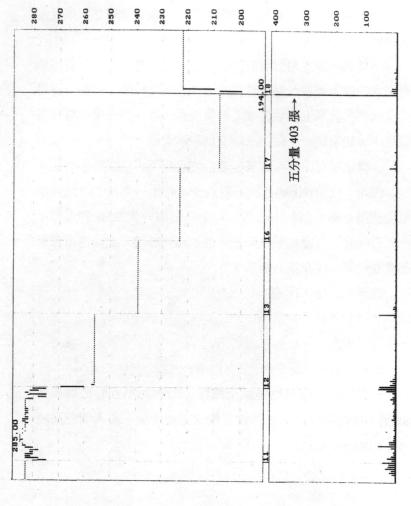

圖一○四 合發五分線圖

第十四章　趨勢即將反轉的股票

操盤者的夢想

前兩章所介紹的都是趨勢十分明顯的股票。

強勢股進行的是多頭趨勢，不過股價大都位於高檔；若想順勢作多，必須追高搶進，利潤可能沒有多少，萬一搶到最高價高風險卻十分可觀。

同樣的，大家都明白弱勢股正在進行空頭趨勢，但股價往往已滑落到對低檔；這時才來作空，再下跌的空間很有限，一旦觸底反彈上去將會損失不貲。

這種低利潤，高風險的買賣，顯然不是操盤高手所樂於接受的。一個優秀的操盤者，總是不斷地積極尋求最高的獲利機會，因此經常會將眼光移到相反的方向。

全世界的股票市場中，由於投資人大都充滿憧憬和預期，使具有題材的個股往往會形成超漲或超跌。尤其台灣股市個人投資者（俗稱「散戶」）的比率高達九成以上，投機色彩一向濃厚，使超漲超跌的現象更加明顯。而趨勢結束之後的修正幅度也相當可觀，如果能把握反轉的時機，將可獲取豐碩的利潤。當強勢股漲勢衰竭之際適時作空，等股價大幅下挫之後再

回補；或者趁弱勢股跌勢止息時進場作多，享受超跌之後的快速反彈波段；都是完美的操作方式，也是每個操盤者最大的夢想。

強勢股轉弱的訊號

本章所著眼的範圍僅限於當天的量價表現，至於 K 線理論與技術分析的領域，則不在討論之列。

我們曾在前面的章節中提過，個股的開盤價大都由主力所決定。

主力手中的持股若未大量出脫，而且個股正處於上漲波段，爲了避免影響投資人的追價心理，應該是開出高盤才對。

就算主力想出貨，也必須開高，才較有機會趁著投資人紛紛搶進時逢高出脫。

因此，在連續上漲，而且前一個交易日仍然維持強勢的情況下，突然開出低盤，尤其是跳空開低時，通常表示主力在前一陣子的強勢盤中已經偷偷開溜，無心照顧這檔股票了。

這種現象往往就是個股轉弱的可靠訊息；即使當天不馬上開始下跌，往上小反彈也只是最後的逃命機會，很快就會反轉了。所以操盤者必須掌握這個時機，賣出持股，甚至進行放空。

例如：代號2342的茂矽，於八十六年初一直到七月中都維持大漲小回的強勢姿態，七月二十日仍以81.5元高價作收。

不料，七月二十一日卻開出81元的低盤，顯然之前連續四天，每天都超過10萬張的大量，主力逢高出脫不少。

若適時於80元左右作空，當日即收最低76元，約一個月之後更重挫到55元，跌幅超過三成以上。（圖一〇五）。

又如：代號2335的清三，於八十七年二、三月之間氣勢如虹，股價不斷往上翻升，四月初更攻抵58元，再創波段新高。

不料，四月七日卻以54元跳空開低，直接跌破前一個交易日的低點，透露出強烈的轉弱訊息。

當天最高55元，最低53.5，無論在那個價位作空，雖然其後兩天再拉高作逃命波，但十幾個交易日之後便跌到42元，仍無止跌跡象。（圖一〇六）。

弱勢股轉強的訊號

股票會呈現弱勢，主要是因為主力出脫殆盡，剩下散戶在其間買賣，只能隨勢浮沈；而且主力在高檔獲利出場之後，當然希望股價大跌，以便逢低回補，所以仍會利用手中少量籌碼適時進行打壓，製造更低價格買進的機會。

一般投資人總喜歡追高殺低，漲勢中的股票不管多貴都敢搶進，跌勢中的股票即使已很便宜仍然不感興趣。因此，主力若想繼續逢低回補，最重要的作法便是讓它開出低盤，才能逼使散戶賤價求售。

如果股價並未明顯止跌，弱勢依舊持續，前一個交易日還

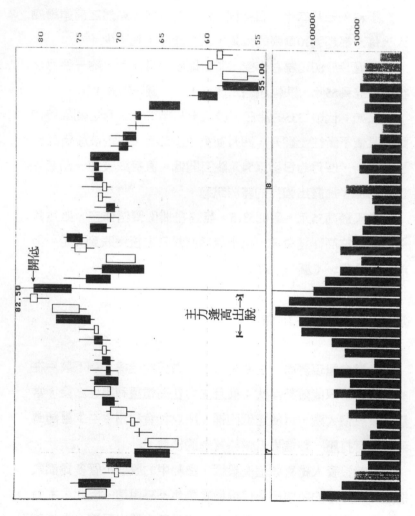

圖一〇五　茂矽日線圖

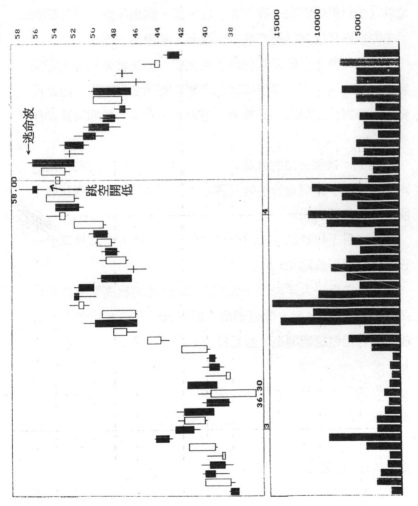

圖一〇六　清三日線圖

是以近乎最低價作收；隔天卻一反常態，開出高盤，通常都表示主力在跌勢後期已經吃進不少籌碼，考慮易守為攻了。

這種現象往往就是個股轉強的訊號；即使當天不馬上開始翻揚上漲，再向下作最後探底的空間與時間都很有限。因此投資人必須抓住這個難得的機會，趕緊回補空單，並即時買進作多。

例如：代號2533的昱成，八十六年十一月從天價223元崩跌下來，除了偶爾進行小幅反彈之外，大致都處於下跌狀態，屬於典型的弱勢股。

十二月下旬跌破110元關卡之後仍未止穩，十二月二十一日再創波段新低點105.5元。

二十二日一大早居然上漲2元，以108元開出高盤。當天最高113元，最105.5元，收盤價為次低點106.5元；K線雖然收陰線，次日仍然繼續開高，並且拉出一大段上漲走勢。（圖一〇七）。

即使二十二日當天買到最高價113元，與波段高點164元比較，漲幅仍高達45%，獲利十分優渥。

當心成交量暴增

股票的成交乃是建立於多空雙方的共識之上。每一筆成交，都表示一方面有人看好後勢，願意用此一價格買進若干張；另一方面也有人看壞後勢，願意用同樣價格賣出同樣數量

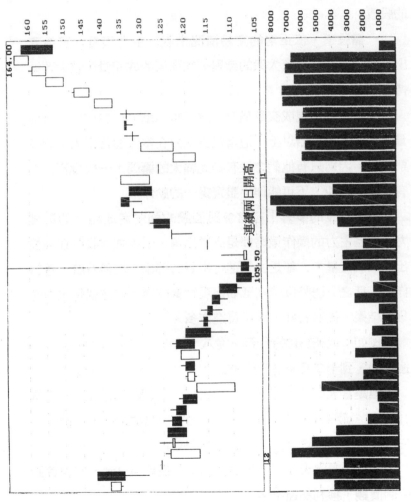

連續兩日開高

105.50

164.00

圖一〇七　昱成日線圖

的股票。

　　一檔股票，依正常的交易情況來說，主力適量地買進賣出，再加上一般投資大衆的參與，其每天的成交量應該大致維持在一定的水準。

　　如果突然出現成交量暴增，比正常水準（一般均以六日均量代表）大出一倍以上，通常代表主力在當天進行了大量的股票買賣。因爲只有他們才擁有如此龐大的籌碼，一般投資人則有如一盤散沙，不可能作出整齊畫一的動作。

　　主力持股的多寡，經常會對個股的強弱造成極大的影響力，而且主力的操作策略都是高賣低買，所以強勢股若在高檔出現大成交量，大都是主力進行出貨的跡象，後勢看壞，適於作空；反之，弱勢股若在低檔出現巨量成交，往往就是主力吃貨的結果，後勢看好，故可買進作多。

　　例如：代號1310的台苯，從八十六年十二月初的21.7元快速上漲，到十二月十五日已飆漲到37.4元，漲幅十分驚人。

　　但是當天的成交量暴增，不到一小時便已超過六日均量31534張，最後果然出現了上市以來的天量78710張，股價也以三個波段回檔，跌到29元。（圖一〇八）

　　若在爆量當天作空，最高37.4元，最低34.3元，無論賣到那個價錢，獲利都還不錯。

　　圖一〇九是代號1601的台光，從三月上旬到四月下旬的日線圖。

　　在圖中可以發現兩根鶴立雞群的大成交量。左邊是三月二

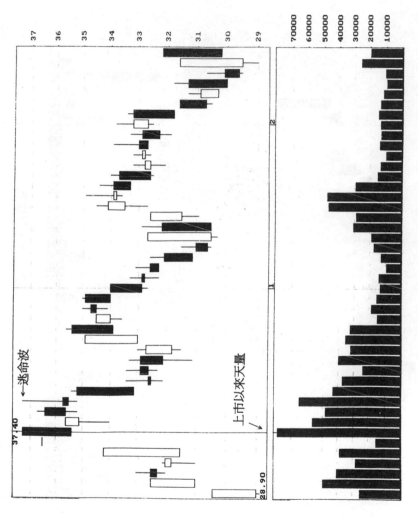

圖一○八 台苯日線圖

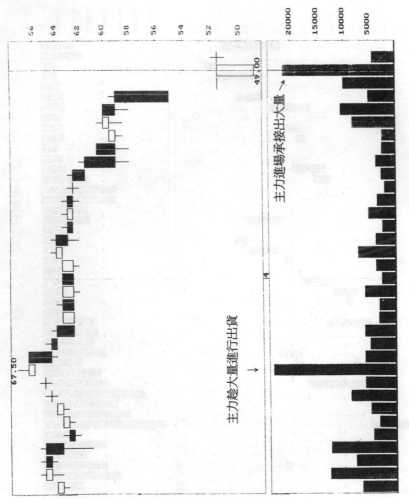

圖一〇九　台光日線圖

十三日的23505張，結果形成短期頭部，當天最高67.5元，最低66元，任何一個價位都是由強轉弱的絕佳賣點。

　　另一個大成交量則出現於四月二十二日的21465張，當天以49元跳空跌停開盤，最後以平盤51.5元作收。底部出大量，大都是享受超跌利潤的最好買點。

　　一個半月的時間裡，只要抓住爆量的兩個交易日進行多空的操作；從67.5元到49元，最大的價差可達到18.5元，十分可觀。

　　再如：代號2340的光磊，八十六年八月底股價還在136.5元，經過兩個月的量縮盤跌，到十月底，不知不覺已跌到57元了，跌幅高達58％。

　　十月三十日當天仍以跳空跌停的方式開出，不到半小時成交量便已超過六日均量3918張，吸引許多投資人搶進而打開跌停板，此後開開闔闔，最後功虧一簣，仍以跌停收盤，但成交量高達22096張，為上市以來第二大量。

　　次一個交易日以58元開盤，小漲1元，又符合弱勢股轉強的條件，就算前一天沒有底部見量作多，這時也應該把握最後的買進機會，趕緊進場。

　　當天果然以漲停板作收，接著連續四天都是量縮式的跳空飆漲，想買都不一定買得到。（圖一一○）

　　像這種先爆大量，次日又出現明顯轉強的訊號，從57元到60.5元都保留著從容買進的機會；結果十天內便漲到95元，五個月之後更飆到141.5元，再創新高。

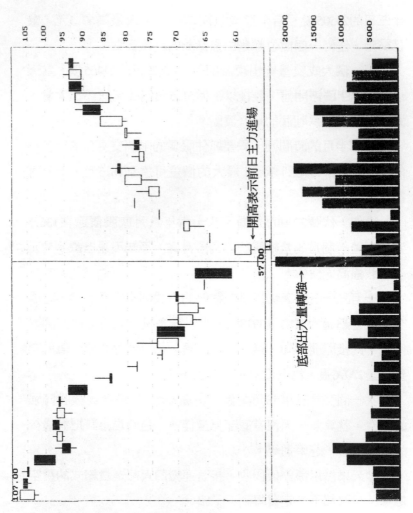

圖一一〇 光磊日線圖

嚴設停損，規避風險

投資市場中，追求利潤固然重要，但是首需進行風險的控管。

我曾見一位年輕的操盤高手，對於股價的變化與轉折，判斷十分精準，因此馳騁股市數月未嚐敗績；使他從此睥睨業界，自詡為台灣第一操盤手。

不過，股票市場終究是詭譎多變，虛實難測。有一次他誤中了別人精心設計的圈套，一開始若肯承認錯誤，仍可小賠出場；但他卻過於自信，反而擴張信用進去攤平。

最後因為陷入太深，股市重挫之後慘遭斷頭，一場戰役便將長久累積的財富完全賠出，而且連翻本的機會都沒有。

本章所陳述的雖是每一位操盤高手都應該努力追求的境界，而且成功的背後也尾隨著巨大的財富；不過，我們必須深切瞭解股市是一個爾虞我詐的野蠻世界，也是無數高手過招的智慧競技場，任何人都不能太過自信而忽略了風險的防範。

我建議各位在判斷趨勢即將反轉而作出多空決策，並付之執行之後，必須嚴格遵守「停損」的規則。

停損的位置可設為2%～3%，依各人風險承擔程度自行設定；但是一旦決定之後就不可以任意變更或給自己商榷的餘地。

在設定停損點同時，也可以先設好停利點，停利點的幅度

大致為停損點的八倍，也就是16%～24%。

　　於是，當您實際進場操作之後，依理論來說，每九次當中，既使失敗八次，每次虧2%，共虧16%；但另外一次成功賺16%，盈虧相抵之後仍可扯平。

　　想起來似乎不太難吧！

　　不必猶豫了！希望您擺脫「坐而言」，早日「起而行」，趕快進場賺取財富！

股市操盤聖經
——盤中多空操作必勝祕訣   Money Tank 02

著　　　者／王義田
出　版　者／生智文化事業有限公司
發　行　人／林新倫
執行編輯／鄭美珠・晏華璞
登　記　證／局版北市業字第 677 號
地　　　址／台北市文山區溪洲街 67 號地下樓
電　　　話／(02)2366-0309　2366-0313
傳　　　真／(02)2366-0310
E-mail　　／ufx0309@ms13.hinet.net
印　　　刷／科樂印刷事業股份有限公司
法律顧問／北辰著作權事務所　蕭雄淋律師
初版三刷／1999 年 1 月
定　　　價／新台幣 250 元
I S B N　　／957-8637-59-4
劃撥帳號／14534976

北區總經銷／揚智文化事業股份有限公司
地　　　址／台北市新生南路三段 88 號 5 樓之 6
電　　　話／(02)2366-0309　2366-0313
傳　　　真／(02)2366-0310
南區總經銷／昱泓圖書有限公司
地　　　址／嘉義市通化四街 45 號
電　　　話／(05)231-1949　231-1572
傳　　　真／(05)231-1002

國家圖書館出版品預行編目資料

股市操盤聖經：盤中多空操作必勝祕訣 / 王
義田著. -- 初版. -- 台北市：生智，1998 [民
87]
　面；　　公分. -- （Money tank；2）
ISBN　957-8637-59-4（平裝）

1. 證券

563.53　　　　　　　　　　　87007431